MELANIE JONAS • MARGITTA SCHULZE LOHOFF • HOLGER TALINSKI • DIANA MÜLLER

SO FRÜHSTÜCKT DIE WELT

REZEPTE UND GESCHICHTEN

DELIUS KLASING VERLAG

Verlag und Herausgeber danken „Lifebrands Natural Food GmbH" für die freundliche Unterstützung. Und natürlich bedanken wir uns bei allen Protagonisten, ohne die dieses Buch niemals entstanden wäre, genauso wie bei allen weiteren Mitstreitern.

◆

Bibliografische Information der Deutschen Nationalbibliothek
Die Deutsche Nationalbibliothek verzeichnet diese Publikation in der Deutschen National-bibliografie; detaillierte bibliografische Daten sind im Internet über http://dnb.dnb.de abrufbar.

1. Auflage
ISBN 978-3-667-10136-5
© Delius Klasing & Co. KG, Bielefeld

Lektorat: Birgit Radebold
Idee: Melanie Jonas
Text: Margitta Schulze Lohoff
Fotos: Holger Talinski (mit Ausnahme der Fotos auf den Seiten 72, 156, 157 von privat)
Umschlaggestaltung und Layout: Diana Müller
Lithografie: scanlitho.teams, Bielefeld
Druck: Kunst- und Werbedruck,
Bad Oeynhausen
Printed in Germany 2015

*Delius Klasing Verlag, Siekerwall 21,
D-33602 Bielefeld
Tel. 0521/559-0, Fax 0521/559-115
info@delius-klasing.de
www.delius-klasing.de*

◆

Bitte setzen & zurücklehnen — Frühstück im Stehen – das muss zuerst gesagt werden – ist eine wirklich blöde Idee. Vor allem an einem Sonntag. Unbequem, unentspannt und somit meist nur halb so lecker. Nur manchmal stört das Stehen kaum, dann, wenn das Frühstück so lecker ist wie das, das jetzt vor uns steht: gebratener Schweinebauch, Avocadoscheiben, knuspriger Speck, ein kleines Spiegelei, Sellerie (eingelegt in einer Mischung aus Apfelsaft, Bier, Meerrettich und Essig). Wir stehen auf dem Berliner Breakfast Market und versuchen die seligen Geräusche des Genusses, die an unseren Stimmbändern zupfen, zu unterdrücken – sie können so leicht falsch verstanden werden, wir sind ja schließlich zum Arbeiten hier. Recherche! Also schlemmen wir lautlos und werden uns später gegenseitig versichern, dass wir währenddessen nur an eins gedacht haben: Es war eine verdammt gute Idee, dieses Buch zu machen. Das Frühstück ist in der Familie der Mahlzeiten schließlich viel zu häufig das Stiefkind. Nämlich immer dann, wenn wir es morgens mal wieder nicht geschafft haben, in Ruhe zu essen. Obwohl wir doch alle leidenschaftliche Frühstücker sind: Holger liebt die French Toast seiner Schwester, Diana kann morgens nicht ohne Joghurt mit Granola und Früchten (wie dänisch! Seite 60), für mich braucht ein Frühstück viele Tomaten (lesen Sie mal auf Seite 40), und für Mel, unser Nordlicht, ist ein Morgen ohne Krabbensalat einfach kein guter Morgen. Aber Sie merken es schon, Frühstück ist manchmal ganz schön eintönig. Wir Deutschen essen immer das Gleiche: Brot, Brötchen, Toast, Käse, Wurst, Aufstrich oder Marmelade, Müsli und Joghurt. Es muss doch noch mehr da draußen geben. Vielleicht sogar noch mehr Gerichte, die so gut sind wie dieses Steh-Frühstück. Was isst man morgens in anderen Ländern? Nach Monaten köstlicher Recherche halten Sie unsere Antwort in den Händen: „So frühstückt die Welt". Zugegeben, die Antwort gilt nicht für die ganze Welt, sondern nur für ausgewählte Länder. Und wenn wir Erbsen zählen wollten (aber das ist eher etwas fürs Mittagessen, oder?), hätten wir auch schreiben können: „So frühstückt Berlin und ein Teil von Hamburg". Denn warum um die Welt fliegen, wenn die Welt längst bei uns zu Gast ist? Hier leben Menschen aus allen Teilen der Erde, aus China, Norwegen, Simbabwe, Frankreich, den USA, Korea, Dänemark, England, Litauen, ja sogar Neuseeland. Wir haben sie nach ihren Geschichten aus der Küche gefragt, und sie haben für uns ihr Frühstück gemacht. Pancakes, Wan-Tan-Suppe, pochierte Eier, Pies. Und während wir Frühstückskulturen aus aller Welt kennengelernt haben, merkten wir, dass es auch in Deutschland viel mehr gibt als Brot mit Belag: Franzbrötchen, Bauernfrühstück, Eier im Glas. Wir sind auf Tellern gereist und haben Souvenirs gesammelt: Rezepte und Geschichten. Rezepte, mit denen Sie in Ihrer Küche auf Weltreise gehen können, und Geschichten, die Sie vielleicht inspirieren werden, mit Ihrem Essen zu experimentieren. „Farewell" auf dieser Reise, haben Sie genauso viel Spaß wie wir. Aber bitte, egal, wie eilig Sie es haben: Genießen Sie den Morgen. Und egal, wie gut Sie frühstücken: Setzen Sie sich hin! ◆

INHALT

◆

KAPITEL EINS

08–57

DEUTSCH-LAND

– Moin, moin – Juten Morjen – Morje – Gumoang –
Gudde Morge – Morschn – Morsche –

Fräuleinchen haben Mut, sie sind ihr eigener Herr. Und sie lieben Essen.
Nein, das ist nicht ganz korrekt, sie sagen „Essen ist Lieben".

Fräuleinchen frühstücken

REBECCA HOFFMANN & SU SONG *essen und kochen gern.*
Manchmal zusammen, manchmal mit Freunden, manchmal einfach
nur für ihr gemeinsames Onlinefoodmagazin „Fraeuleinchen"

Fräuleinchen sind von besonderem Schlag: Sie haben Mut, ihr eigenes Ding zu machen. Fräuleinchen sind ihr eigener Herr. Und sie lieben Essen. Nein, das ist nicht ganz korrekt, sie sagen „Essen ist Lieben" – so lautet die Unterzeile des Onlinefoodmagazins von Rebecca Hoffmann und Su Song.

Eine kleine Küche in Berlin-Friedenau, lang und schmal. Auf dem Regal über dem Kühlschrank stapeln sich Kochbücher, zwischen Spüle und Herd Flaschen, Gewürzdosen, Schüsselchen und eine Pfeffermühle. Rebecca Hoffmann schneidet eine Avocado in Streifen, Su Song mischt Milch mit Kokosmilch, Apfelstücken und Ahornsirup. Fräuleinchen frühstücken auch gemeinsam. Zumindest manchmal und auf jeden Fall heute, an diesem Samstagmorgen.

Die beiden kennen sich seit einigen Jahren. Anfang 2014 haben sie gemeinsam „Fraeuleinchen" ins World Wide Web gestellt. Dort gibt es jeden Tag Rezepte – meistens entwickelt von Rebecca –, Restauranttipps und Interviews – meistens von Su. „Unsere Rezepte entwickeln wir selbst. In der Regel hier in meiner Küche", erzählt Hoffmann. Und Song ergänzt: „Es geht bei uns um den Genuss und darum, dass man durch Kochen und Essen auch andere Kulturen entdecken kann."

Die Idee zu „Fraeuleinchen" hatte Rebecca Hoffmann. Sie war mit ihrem Job als Redaktionsassistentin nicht glücklich. Zufrieden war sie nur, wenn sie nach Feierabend in der Küche stand und kochte. „Mach das doch, wenn dein Herzblut dranhängt. Was gibt es besseres, als Leidenschaft und Beruf zu kombinieren?", hat der Exfreund ihr damals gesagt. Also skizzierte sie ihr Onlinekochmagazin. Doch allein wollte sie ihre Idee nicht verwirklichen. „Das hätte mir keinen Spaß gemacht", meint sie auch heute noch,

„deshalb habe ich mich so gefreut, dass Su sofort Lust hatte mitzumachen."
Sie hatten sich als Kollegen bei einem Onlinemagazin kennengelernt:
Hoffmann war studentische Hilfskraft, Song arbeitete im Anzeigenbe-
reich – und brachte so auch betriebswirtschaftliches Wissen mit zu „Fraeu-
leinchen". Sie fanden Investoren, die ihnen den Start ermöglicht haben,
und jetzt geht es weiter. Schritt für Schritt wollen sie ihr Magazin ausbauen.
Fräuleinchen machen immerhin noch mehr als Kochen. Reisen zum
Beispiel. Doch das Essen wird im Mittelpunkt bleiben – ist ja schließlich
Lieben. ◆

Fräuleinchen haben Spaß
am Ausprobieren neuer
Rezepte. Heute: Granola-
Müsli-Muffins

GRANOLA-MÜSLI-MUFFINS

für 4 Portionen

*Den Ofen auf 180 Grad vorheizen. Eine ofenfeste
Form (Auflaufform oder Muffinformen) mit Butter
bestreichen.*

*Haferflocken, Salz, Backpulver und Zimt in einer
Schüssel vermischen. ½ Apfel würfeln. Milch, Kokos-
milch, Ahornsirup und Apfelwürfel in einer anderen
Schale verrühren.*

*Die Haferflocken-Mischung dazugeben. Die Vanille-
schote auskratzen und den Inhalt ebenfalls zur
Mischung geben. Alles gut verrühren. Die Mischung
für 10 bis 15 Minuten ruhen lassen. Die andere
Apfelhälfte in hauchdünne Scheiben schneiden.*

*Mischung in die Ofenform geben, mit den Apfel-
scheiben, Rosinen und Mandelstiften belegen und
für 45 Minuten backen.*

*Nach dem Backen 1 Stunde ruhen lassen, dann aus
der Form heben (bei der Muffinform) oder in der
Form servieren. Granatapfelkerne vor dem Servieren
darüberstreuen. Dazu passt gut griechischer Joghurt.*

ZUTATEN

1 TL Butter
150 g Haferflocken
½ TL Salz
1 TL Backpulver
2 TL Zimt
300 ml Milch
120 ml Kokosmilch
1 Vanilleschote
2 TL Ahornsirup
1 Apfel
1 Hand voll Rosinen
50 g Mandelstifte
½ Granatapfel

Fräuleinchen kochen
gemeinsam: Die Küche
von Rebecca Hoffmann
ist kreatives Arbeitszimmer

Fräuleinchen lieben Essen,
zum Beispiel den Avocado-
salat mit Lachs. Darauf
einen Kaffee, Su Song!

AVOCADOSALAT MIT LACHS

für 4 Personen

Die Avocados mit einem kleinen Löffel aus der Schale lösen und in Streifen schneiden. Die Zwiebel schälen und in hauchdünne Streifen schneiden, sodass sie fast durchsichtig sind (Tipp: Das funktioniert am besten mit einem richtig scharfen Messer). Die Sprossen und den Salat waschen. Salat grob hacken.

Salat auf einen großen Teller oder in eine flache Schüssel geben, die Zwiebelscheiben darüberstreuen. Jetzt die Avocadostreifen kreisförmig anrichten und mit Salz und Pfeffer würzen. Wer mag, kann einige getrocknete Chiliflocken dazugeben. Mit etwas Zitronensaft beträufeln. Den Lachs grob zerpflücken und auf dem Salat verteilen. Mit den Sprossen garnieren, nochmals alles mit Zitronensaft beträufeln und etwas frischen Pfeffer darübergeben.

Für das Dressing Olivenöl, Dijon-Senf, Honig, Salz und Pfeffer verrühren, bis eine cremige Konsistenz entsteht. Das Dressing zum Schluss über den Salat geben.

ZUTATEN

2 Avocados
8 EL Sprossen
1 rote Zwiebel
4 Handvoll Feldsalat
frisch gepresster Saft
einer Zitrone
160 g geräucherter Lachs
oder Stremellachs
6 EL Olivenöl
4 EL Dijon-Senf
2 EL Honig
Salz
Pfeffer aus der Mühle
getrocknete Chili

Die
Alles-Macherin

Sie liebt Sauerkraut, Brot, Käse, Liköre – ach, eigentlich alles,
was mit exzellentem Essen und guten Getränken zu tun hat.
Darüber bloggt CATHRIN BRANDES *nicht nur, sie produziert, kocht*
und backt auch selbst

Cathrin Brandes hat viele Rollen: Sie ist die Krautbraut, bekocht im Speisenklub Neukölln Fremde und serviert Liköre mit dem Label „I Shot the Sheriff". Sie schreibt Kochbücher und hat die Tauschbörse „food-Xchange" gegründet. Sie ist Inhaberin der Food-Agentur „tidbits", und in ihrem gleichnamigen Blog erzählt sie – wie sie halt so ist – frei Schnauze und fröhlich, was in ihrer Küche passiert. Heute passiert dort dies: Sie backt Roggenbrötchen und kocht Eier im Glas. Alles zum Frühstück.

„Ein so üppiges Frühstück mache ich mir aber nur am Wochenende", verrät Brandes. Während der Woche reiche ihr morgens ein Kaffee. Schließlich sei sie ein großer Morgenmuffel, erklärt sie dann noch und knetet den Roggen-Hefeteig, der zäh an ihren Händen klebt. Das müsse so sein, würde er nicht kleben, wäre der Teig nicht feucht genug und die Brötchen wären später zu trocken. Sie formt aus der Masse einen langen Laib, schneidet ihn in brötchengroße Teile, die sie auf einem Blech in den Ofen schiebt. Fünf Minuten – länger hat das Kneten und Formen nicht gedauert.

Brandes ist eben ein Profi in der Küche – und war das irgendwie schon immer. „Meine Mutter erzählt immer lachend, dass sie sich das ja auch hätte denken können, dass ich mal mit Lebensmitteln arbeiten würde. Ich hätte schließlich schon als Kind immer alles gegessen", sagt Brandes und muss selbst lachen. Als sie ein Jahr alt war, zogen ihre Eltern mit ihr nach Spanien. Sie liebt das Essen dort, beginnt schon als Kind zu backen und zu kochen. „Mit 16 wollte ich Konditorin werden", sagt sie, „aber ich wollte auch studieren." Sie hat sich für die Universität entschieden, in Freiburg Jura studiert und währenddessen gejobbt – und das natürlich in der Gastronomie: als Barkeeperin, als Servicekraft in einem klassischen deutschen Restaurant, als Champagner- und Pizzaverkäuferin.

◆

Als Rechtsanwältin zu arbeiten hätte Cathrin Brandes keinen Spaß gemacht.
Sie fermentiert lieber Weißkohl zu Sauerkraut oder zaubert zum Frühstück Eier im Glas.

◆

Immer diese Hefe! Einen Teig damit zuzubereiten frisst Zeit. Das Ergebnis ist es jedoch wert: Es schmeckt einfach zu gut

Die Brötchen bräunen im Ofen. Cathrin Brandes hackt nun Frühlingszwiebeln, Dill und Petersilie. „Für die Eier im Glas", erklärt sie und schlägt vier Eier auf. Eines nach dem anderen lässt sie in vier Gläser gleiten, gibt die Kräuter und ein bisschen Schinken dazu. „Den haben mir meine Eltern aus Spanien mitgebracht. Mein Vater ist ein großer Schinkenkenner." Sie verschließt die Gläser und setzt sie auf dem Herd in ein brodelndes Wasserbad.

Zurück in die Studentenzeit: Nach ihrem Studium will Cathrin Brandes nicht als Juristin arbeiten. „Das hätte mir keinen Spaß gemacht." Stattdessen gründet sie ein Feinkostgeschäft und verkauft selbst gemachte Marmeladen. Sie veranstaltet Caterings und heuert bei einem großen Caterer an. Einige Jahre später übernimmt sie die Eventabteilung und das Marketing einer Bio-Supermarktkette. „Da habe ich gemerkt, dass ich das auch freiberuflich machen könnte", so Brandes. Also gründet sie „tidbits", ihre Agentur für kulinarische Beratung, Marketing und PR.

18
—

Sie hat so viele Rollen ausgefüllt, doch angetrieben wurde jede einzelne von einer Leidenschaft: der Liebe zu gutem Essen. Und – klar – ihre spanischen Wurzeln haben sie dabei ebenfalls geprägt. „Deshalb frühstücke ich beispielsweise auch nicht so häufig. Für mich spielt sich das Leben eher am Abend ab – wie in Spanien", sagt sie und lacht schon wieder. Sie legt die Roggenbrötchen auf den Holztisch, stellt ein Glas mit Ei auf einen Teller. „Aber jetzt wird erst einmal gefrühstückt!" ◆

Frühstücksfladen und Eier
im Glas. Cathrin Brandes
sind beim Frühstück zwei
Dinge wichtig: frische
Zutaten und Muße

◆

*Ihre Mutter erzählt immer lachend, dass sie
sich das ja auch hätte denken können, dass die Tochter
mal mit Lebensmitteln arbeiten würde. Sie hätte
schließlich schon als Kind immer alles gegessen.*

◆

EIER IM GLAS

ergibt 4 Portionen

ZUTATEN

4 hitzefeste Gläser
mit Deckel
8 Eier
1 dicke Scheibe
Serrano-Schinken
½ Bund Schnittlauch
½ Bund glatte Petersilie
½ Bund Dill
Salz und frisch
gemahlener Pfeffer
etwas weiche Butter

Einen flachen großen Topf mit circa einer Handbreit Wasser füllen. Das Wasser erhitzen. Kräuter hacken und Schinken würfeln. Die Gläser mit Butter einfetten, Schinkenwürfel auf dem Boden verteilen und je zwei Eier hineinschlagen.

Jedes Glas mit einer Prise Salz und frisch gemahlenem Pfeffer sowie den gehackten frischen Kräutern würzen. Mit einem Teelöffel die Gewürze unterrühren. Vorsicht: Die Eigelbe sollten nicht kaputtgehen.

Eine Butterflocke dazugeben. Gläser verschließen und in den Topf mit siedendem Wasser stellen.

Die Eiergläser sollten bis kurz unter den Deckelrand im Wasser stehen. Je nach Vorliebe 8 bis 10 Minuten kochen lassen, dann sollten die Eier wachsweich sein.

DUNKLE FRÜHSTÜCKSFLADEN

ergibt 8 bis 10 Stück

Aus der Trockenhefe, 50 g Weizenmehl, 50 g Vollkornmehl und 100 ml lauwarmem Wasser einen glatten Vorteig rühren. Den Vorteig mit Klarsichtfolie abdecken und an einem warmen Ort (20 Grad) mindestens 1 Stunde gehen lassen. Dann sollte der Vorteig schön mit Bläschen durchzogen sein.

In einer großen Schüssel das restliche Mehl mit dem Salz mischen und die restlichen 200 ml lauwarmes Wasser nach und nach dazugeben und unterkneten. Je nach Mehl braucht der Teig mehr oder weniger Wasser, um zu einem nur leicht klebenden glatten Teigling geknetet zu werden. Den Teigling auf eine bemehlte Arbeitsfläche geben und mit den Händen richtig kräftig durchkneten.

Teig an einem warmen Ort 1 weitere Stunde oder im Kühlschrank über Nacht gehen lassen. Danach noch einmal gut mit den Händen durchkneten. Wenn der Teig aus dem Kühlschrank kommt, muss er wieder auf Zimmertemperatur gebracht werden.

Zwischenzeitlich in den Ofen eine mit Wasser gefüllte feuerfeste Schale geben und aufheizen. Der Ofen muss heiß und etwas dampfig sein, bevor die Brötchen hineinwandern.

Teig auf einer bemehlten Arbeitsfläche zu einer Wurst rollen und in 8 gleich große Stücke schneiden. Die Stücke zu runden flachen Brötchen formen und auf ein mit Backpapier ausgelegtes Backblech legen. Nochmals 20 bis 30 Minuten gehen lassen und in den sehr heißen Ofen schieben.

Circa 25 Minuten backen, bis die Kruste schön dunkel und knusprig ist.

ZUTATEN

1 Pk Trockenhefe
250 g Roggenmehl
250 g Weizenmehl
(oder Vollkornmehl)
2 TL Salz
300 ml lauwarmes Wasser

Frühstücksfladen und Eier im Glas – vielleicht noch etwas Ziegenkäsecreme und frischen Schinken dazu? Fertig ist das herzhafte Frühstück

Deutschland

EI, EI, EI!

Wie das perfekte Frühstücksei gelingt? Eine gute Frage! Die Antwort haben wir auf dem Bio-Bauernhof ÖKODORF BRODOWIN *gesucht – und erzählen sie in der kurzen Geschichte vom Huhn und vom Ei*

PROLOG

Wie ein glückliches Huhn aussieht? Ungefähr wie dieses: Es hat einen knallroten Kamm auf dem Kopf und ein volles, glänzendes Federkleid, das in der Farbe zwischen Fuchs- und Kaffeebraun changiert. Jede Feder hat in der Mitte einen eierschalenfarbenen Strich. Alles nur Äußerlichkeiten? Richtig. Viel wichtiger für das Glück der Henne ist, dass sie gerade nach Würmern scharrt und nach Gräsern pickt. Der Himmel hängt voller Wolken, doch das ist dem Huhn egal. Hauptsache es hat Platz, viel frische Luft und es ist kein Fuchs oder Greifvogel in der Nähe – doch dazu später mehr.

KAPITEL 1 – AUF ZUM HÜHNERHOF

Das perfekte Frühstücksei zu kochen scheint eine Kunst zu sein – und Geschmackssacke sowieso. Wir hätten es gern so: Das Eiweiß sollte fest sein, das Eigelb gelb wie eine Butterblume und noch ein bisschen flüssig. Mir ist das bislang nur selten geglückt. Mal ist es knochentrocken, mal erinnert das Gelbe vom Ei eher an Orangensaft. Viel zu oft bekommt die Schale Risse, und das Eiweiß schwimmt im Topf. Es muss an meinem Herd liegen, sage ich mir dann immer. Oder an der Eieruhr. Und manchmal (wenn ich sehr ehrlich zu mir bin) denke ich, es liege an meinen Kochkünsten. Doch vielleicht entscheidet schon das Huhn über die Perfektion des gegarten Eies. Hat die Haltung der Henne Einfluss auf Geschmack und Aussehen eines Eies? Das kann man bestimmt dort herausfinden, wo die Eier herkommen – auf dem Hühnerhof. Und dort werden sie sicher auch wissen, wie man es perfekt kocht, das Ei. Also los.

Das Ziel liegt 75 Kilometer nordöstlich von Berlin in der Weite Brandenburgs. Über eine schmale Landstraße fahren wir durch Wälder, vorbei an Wiesen, auf denen noch der Morgennebel hängt. Als der Wald sich lichtet, säumen ein paar Häuser die Straße. Hinter ihren Gärten schimmert die silbrige Oberfläche eines Sees. Ein paar Hundert Meter weiter liegt ein Hofladen an der Straße, dahinter der Bauernhof, der sich vom Dorf seinen Namen geliehen hat: Ökodorf Brodowin. Es riecht nach Kuhmist, Milch und vergorenem Gras. Im Stall blökt ein Kalb, ein Traktor fährt vorbei. Nur Hühner sind nirgends zu sehen. „Zu denen müssen wir erst hinfahren", erklärt Peter Krentz, einer von zwei Geschäftsführern in Brodowin, und zeigt auf die Straße.

Schluss mit dem Eier-
legen, das Gelege
wird eingesammelt

Wie ein Ei dem anderen gleichen die Gelege von
Bio-Hühnern sich eigentlich nicht – diese vier
schon. Peter Krentz freut's

Die Hühner in Brodowin sind häufig unterwegs. Sie leben tagsüber auf Wiesen, nachts in mobilen Ställen. Nach ein paar Wochen haben sie die Wiese abgegrast und werden zu einer neuen gefahren. Alle in direkter Nachbarschaft des Biosphärenreservats Schorfheide-Chorin. Biosphärenreservat – ein sperriges Wort für ein nobles Anliegen: In diesen, von der UNESCO benannten, Regionen soll eine nachhaltige Entwicklung stattfinden. Das betrifft nicht nur den Umweltschutz, sondern auch die Wirtschaft und das Miteinander der Menschen, die dort leben. Der Bauernhof „Ökodorf Brodowin" ist ein gutes Beispiel dafür: Direkt nach der Wende haben sich die Einwohner Brodowins vorgenommen, mit der Natur vor ihrer Haustür arbeiten zu wollen, nicht gegen sie, und haben einen Bio-Bauernhof gegründet. Inzwischen ist der Hof bekannt für ökologisch und regional erzeugte Lebensmittel. Dafür sorgen rund 100 festangestellte Mitarbeiter, die sich um 240 Milchkühe sowie 220 Ziegen kümmern und die hofeigene Meierei betreiben. Außerdem bewirtschaften sie 1250 Hektar Ackerland und 30 Hektar Fläche für die Gärtnerei, in der Gemüse wie Möhren, Pastinaken oder Rote Beete angebaut wird. Und die Brodowiner halten 1200 Hühner, deren Gegacker jetzt leise über eine Wiese klingt. Wir sind da.

◆

Der Wind pfeift, der Nebel hat sich verzogen. Bis zum Horizont malen Wiesen und kleine Wälder unsere Aussicht grün. Hunderte Hühner gackern leise. Es ist 11 Uhr. Zeit, die Eier einzusammeln.

◆

Immer in Sichtweite: In Bio-Betrieben kümmert sich je ein Hahn um 50 Hennen – als Eintänzer und Wachmann gleichermaßen

KAPITEL 2 – DIE HÜHNER

Der Wind pfeift, der Nebel hat sich verzogen. Bis zum Horizont malen Wiesen und kleine Wälder unsere Aussicht grün. Wir stehen neben einem der vier mobilen Hühnerställe. Jeder einzelne so groß wie ein 3,5-Tonner. Zäune umgeben die Wagen und umschließen vier Wiesen für je 200 Hühner. Weitere 400 Tiere leben in einem alten Schafstall hinter uns. Auch sie haben Auslauf. Das ist Vorschrift in Bio-Betrieben: Jede Henne bekommt vier Quadratmeter Platz.

Peter Krentz öffnet eine Klappe des Mobilstalls. „Was machst du denn hier?", ruft er. Ein Hahn, strahlendweiß und mit rotem Kamm, flattert ihm entgegen. „Das habe ich ja noch nie gesehen, dass ein Hahn bei den Hühnern sitzt!" Das Tier hat die Legeplätze der Hennen an der Außenwand des Stallwagens heute wohl zum ersten Mal entdeckt. Dort sitzen gerade zwei Hennen ungerührt von den männlichen Annäherungsversuchen im Dinkelspelz. „Das sind die Schalen von Dinkelkörnern, die Hühner lieben das", erläutert Krentz, während er den Hahn aus dem Kasten hebt.

Die Hähne haben eine wichtige Rolle in den Herden: Sie sind der Boss – auch das ist eine Verordnung für Bio-Betriebe. Auf jeder Hühnerwiese müssen vier Hähne die Hennen umwerben und befruchten (deshalb hat ein Bio-Ei auch meist einen Hahnentritt, das ist der kleine weiße Fleck auf dem Dotter, auch Keimfleck genannt). Die Gockel sorgen aber auch für Sicherheit. „Würde sich zum Beispiel ein Greifvogel nähern, schlagen die Hähne Alarm, und die Hennen können sich in den Stall oder unter die Unterstände flüchten", sagt Krentz.

Hühner sind nervöse Tiere. Ohne eine Fluchtmöglichkeit in der Nähe wagen sie sich nicht ins Freie. Gegner der Hühnerhaltung werfen daher auch vielen Bio-Betrieben, bei denen Unterstände fehlen, vor, nur eine Alibi-Freilandhaltung zu betreiben. Natürlich hat auch die ökologische Haltung tatsächliche Nachteile. „Bei uns ist zum Beispiel der Keimdruck höher. Das darf man nicht verschweigen", sagt Krentz, „aber dadurch, dass wir die Ställe alle zwei bis drei Wochen umsetzen, hatten wir bislang noch keine Probleme mit Krankheiten. Das ist eine natürliche Desinfektion." Während in großen industriellen Betrieben zum Teil vorbeugend Medikamente wie Antibiotika gegeben werden, ist das Bio-Betrieben verboten.

Peter Krentz hebt eine Henne aus dem Wagen. „Gucken Sie sich mal das Federkleid und die Gliedmaßen an. Alles perfekt. Das Huhn ist kerngesund", sagt er, als ein dumpfes Geräusch ihn unterbricht. Er schaut zu Boden und muss lachen. Dort liegt ein frisches Ei im Gras. Die Henne hat es auf seinem Arm gelegt – das erste Flugei von Brodowin.

KAPITEL 3 – DIE EIER

Es ist 11 Uhr. Zeit, die Eier einzusammeln. Peter Krentz hat die Mutter des Flugeies wieder in den Wagen gesetzt. Die Hennen, die jetzt noch im Dinkelspelz sitzen, sind Nachzügler. Heute Morgen zwischen fünf und sieben Uhr war Rushhour im Hühnerstall, und die Hennen standen Schlange vor den Legeplätzen. Jetzt legt Krentz die Eier vorsichtig in Körbe. Gleich fährt er sie zum Hof, dort werden sie sortiert und dann ausgeliefert. Morgen liegen die meisten schon in einem Ladenregal in Berlin oder Brandenburg.

„Ja, unsere Eier sind immer frisch", sagt Peter Krentz, „das zeichnet uns aus, weil wir sehr kurze Vertriebswege haben." Ein Bio-Ei ist doch aber sicher auch leckerer, oder? Krentz: „So generell kann man das nicht sagen, die Industrie hat so ausgefeilte Fütterungsmethoden, dass Aussehen und Geschmack oft sogar eher dem entsprechen, was der Kunde von einem Ei erwartet." Ein Bio-Ei hingegen ist natürlich. Die Hühner bekommen nur ökologisch hergestelltes Futter und dürfen zusätzlich draußen Würmer und Gräser picken. Einigen Untersuchungen zufolge sollen die Eier dieser Hennen einen höheren Nährwert haben als die Eier von Tieren, die nur Kraftfutter fressen. Diese Qualität kostet jedoch: Ein Bio-Ei kostet zum Teil doppelt so viel wie eines aus Bodenhaltung.

Krentz nimmt das letzte Ei aus dem Kasten. Stopp, dieses bitte nicht! Das kochen wir jetzt, schließlich sind wir hier ja auf der Suche nach dem perfekten Frühstücksei. Zurück zum Hof.

KAPITEL 4 – DAS EIERKOCHEN

Auf dem Gasherd in der Küche des Hofladens säuseln schon Flammen unter einem kleinen Topf. Marlis Frank bringt das Wasser zum Kochen. Ein paar Bläschen steigen schon auf. In den zwei riesigen Töpfen daneben dampfen Sauerkraut und eine Borschtsch-Suppe – für den Mittagstisch. Frank piekst die Eier an. „Das ist wichtig, damit sie nicht platzen. Aber das weiß ja fast

BRAUNE UND WEISSE EIER

→ Die Farbe der Eierschale sagt nichts über die Gefiederfarbe des Huhns aus. Ob eine Henne weiße oder braune Eier legt, hängt von der Rasse und der Ohrscheibe des Huhns ab. Ist die Scheibe weiß, gibt es meistens weiße Eier, ist sie rot, braune Eier.

Da ist Präzision gefragt:
Wer ein Ei ganz nach seinem
Geschmack kochen will,
muss peinlich genau auf die
Uhr schauen

◆

Sie legt unser Ei auf ein Holzbrett und köpft es mit einem Messer.
Das Eiweiß glänzt weiß, ein bisschen Eigelb läuft aus. Perfekt.

◆

jeder", sagt sie, „und zu kalt sollten sie auch nicht sein, sonst bekommen sie schnell Risse. Also am besten schon eine halbe Stunde vorher aus dem Kühlschrank nehmen oder unter warmen Wasser anwärmen." Gut, damit haben wir bei diesem Ei kein Problem. Es ist fast noch huhnwarm. Das Wasser brodelt. Marlis Frank gibt noch eine Prise Salz hinzu. Sollte das Ei doch platzen, verhindert das, dass es ganz ausläuft. Frank lässt unser Ei vorsichtig von einem Löffel ins Wasser gleiten.

◆

Die Hennen scharren im Gras, turteln mit den Hähnen.
So sehen sie also aus, die glücklichen Hühner. Beschützt vor Adler
und Fuchs von ihrem größten Feind: dem Menschen.

◆

Warten. Wir gucken auf die Uhr. Ein Sechs-Minuten-Ei soll es werden. Mit festem Eiweiß und einem Eigelb, das nur am Rand fest, in der Mitte aber noch flüssig ist.

Eine Minute, zwei Minuten, drei … sechs Minuten. Die Eieruhr schrillt. Und, wie ist es? „Na, Moment, wir müssen es doch erst noch abschrecken", sagt Marlis Frank.

Das Abschrecken des Eies unter kaltem Wasser sorgt übrigens nicht wie oft angenommen dafür, dass sich das Ei leichter pellen lässt. Ob sich ein Ei pellen lässt, hängt davon ab, wie alt es ist. Am besten funktioniert das 14 Tage nach dem Legedatum. Dann ist Kohlendioxid entwichen und Luft eingedrungen. Die Folge ist, dass Eihaut und Schale nicht mehr aneinander kleben.

Nein, „das Abschrecken unterbricht den Garvorgang", erklärt Frank. Ohne die kalte Dusche würden die Eier weitergaren und nicht so werden, wie wir sie haben wollten. Sie legt unser Ei auf ein Holzbrett und köpft es mit einem Messer. Das Eiweiß glänzt weiß, ein bisschen Eigelb läuft aus. Perfekt.

EPILOG
Die Hühner scharren im Gras, turteln mit den Hähnen. So sehen sie also aus, die glücklichen Hühner – zumindest wenn, wie gesagt, kein Adler oder Fuchs in der Nähe ist. „Wenn hier im Herbst die Greifvögel auf dem Weg zu ihren Winterquartieren durchziehen, reißen sie manchmal vier bis fünf Hühner an einem Tag", erzählt Krentz. „Wir arbeiten hier in der Natur. Da ist das normal, aber wir müssen aufpassen."

Es ist schon paradox. Der Mensch passt auf das Huhn auf, aber er bleibt doch sein größter Feind. Jeder Deutsche isst im Schnitt pro Jahr mehr als 200 Eier und circa 24 Kilogramm Hühnerfleisch. Danke, liebes Huhn. ◆

DAS PERFEKTE EI

... ist Geschmackssache – die gewünschte Konsistenz Präzisionsarbeit

---

DIE GARZEITEN IM ÜBERBLICK

3 MINUTEN	*Eiweiß*	am Rand fest, ansonsten glibberig
	Eigelb	flüssig
4 MINUTEN	*Eiweiß*	vorwiegend fest, nur am Rand zum Eigelb noch glibberig
	Eigelb	flüssig
5 MINUTEN	*Eiweiß*	fest
	Eigelb	flüssig
6 MINUTEN	*Eiweiß*	fest
	Eigelb	nur am Rand fest, ansonsten flüssig
7 MINUTEN	*Eiweiß*	fest
	Eigelb	zur Hälfte flüssig
8 MINUTEN	*Eiweiß*	fest
	Eigelb	wachsweich
9 MINUTEN	*Eiweiß*	fest
	Eigelb	fest
AB 9 MINUTEN		Das Ei bleibt fest; je länger es jetzt kocht, desto trockener wird es

→ Diese Zeiten gelten für Eier der Größe M.

GARZEIT TRIFFT GRÖSSE

Größe S	minus 30 Sekunden
Größe L	plus 30 Sekunden
Größe XL	plus 60 Sekunden

ALLES FRISCH?

Wenn Sie sich nicht sicher sind, ob ein Ei noch genießbar ist, legen Sie es in ein Glas Wasser.

Frisch	Das Ei bleibt am Boden liegen.
Ca. zwei Wochen alt	Das Ei steht aufrecht im Glas.
Ungenießbar	Das Ei schwimmt oben.

◆

Hoch die Löffel, fertig, los: Thomas Elstermeyer
frühstückt Fruchtsaft, Joghurt und Früchte.

◆

Molekulare
Überraschung

*In der modernen Küche schmecken traditionelle Speisen
nach neuen Welten. Der Berliner Koch* THOMAS ELSTERMEYER
beweist es beim Bauernfrühstück

M olekularküche? Das sieht doch so aus: ein Teller, in der Mitte eine
winzige Portion millimeterdurchmessender Kügelchen in einer grellen Farbe. Es dampft – nicht vor Hitze, vor Kälte! Oder ist das nur ein Klischee?

An diesem Sonntagmorgen dampft nichts. Nicht weil Thomas Elstermeyer
das Frühstück nicht qualmen lassen könnte. Im Gegenteil: Molekularküche
ist seine Spezialität. „Aber ich will Zutaten nicht einfach nur ummodeln,
damit sie nach etwas aussehen, das sie gar nicht sind", erklärt er. Seine
Küche in Berlin-Kreuzberg wirkt auf den ersten Blick wie die vieler Wohngemeinschaften. Herd, Spülmaschine, ein paar hüfthohe Schränke, darüber eine Arbeitsplatte, ein Regal mit Mehl- und Zucker-Schütten vom
Flohmarkt. Doch ein paar Dinge sind anders: Das Wasserbad und der
Dampfgarer sind eindeutige Zeichen. Hier wird professionell gekocht!
Elstermeyer arbeitet als Mietkoch, gibt Kochkurse, bietet Caterings an –
und lädt Fremde zu seinem Supperclub „gaumengold" ein. Bei diesen
Events dreht sich alles um die Physik des Kochens. „In der modernen
Küche denkt man viel mehr darüber nach, wie man bestimmte physikalische Vorgänge beim Kochen neu nutzen kann." Zum Beispiel, um Speisen
anders zu präsentieren. Überraschender. Ein Bauernfrühstück in einer
Schüssel anstatt auf Brot. Oder Joghurt mit Früchten auf eine Art, dass es
aussieht wie ein Spiegelei. Doch solche Überraschungen brauchen Erklärungen. „Sonst ist der Gast irritiert", sagt Elstermeyer. Also los.

Das Wasserbad hat Thomas Elstermeyer ausgeschaltet. Jetzt fischt er mit
einem Löffel ein Ei aus dem Wasser, pellt es und lässt es in eine Schale
gleiten. Das Ei, das aussieht wie pochiert, nennt man Onsen-Ei, weil die
Zubereitungsart in den heißen japanischen Quellen entdeckt wurde. Gart
man ein Ei für zwei bis drei Stunden im Wasserbad, gerinnen Eiklar und
Dotter nur leicht und bekommt beides eine wachsweiche Konsistenz. „So
wie dieses." Elstermeyer sticht das Ei auf, das Eigelb ist noch ein klein
wenig flüssig und vollkommen cremig. Zusammen mit Kartoffelschaum,

Gewürzgurkengranité (eine Art bröseliges Wassereis) und Speckmarshmallows (aus ausgelassenem Speck, Wasser, Zucker und Eiweiß) bildet es das Bauernfrühstück. Die eigentlich deftige Mahlzeit kommt mit neuen Texturen und leicht daher.

Elstermeyer nimmt eine zweite Schüssel, in der er ein weiteres Frühstück anrichtet: griechischer Joghurt, dazu geschäumte Sauermilch, karamellisierter Milchzucker, Früchte und Aprikosen-Karotten-Sphären … Sphären? „Ja, das bedeutet, dass in einem festen Mantel etwas Flüssiges eingeschlossen ist", erklärt er. In diesem Fall hat er Aprikosenpüree in Halbkugeln eingefroren und es anschließend mit einer Karotten-Gelatine-Mischung umhüllt. Die Mischung härtet aus und bildet den Mantel. Die Sphäre setzt er vorsichtig auf den Joghurt – außerdem ein kleines weißes Segel. „Das ist getrocknete Milchhaut. Die meisten schöpfen Milchhaut ab, dabei kann man sie wunderbar trocknen", sagt Elstermeyer, „schon verrückt, was man allein mit Hitze aus einem flüssigen Stoff wie Milch kreieren kann."

Etwas zu kreieren, war Thomas Elstermeyer schon immer wichtig. Als er kurz vor Ende seiner Schulzeit seiner Familie erzählte, er wolle etwas Kreatives machen, sagte seine Oma: „Werde doch Koch!" Die Vorstellung gefiel ihm, also machte er seine Ausbildung in einem Wirtshaus in Ostwestfalen. Dort ging es jedoch eher darum, die Gäste satt zu machen, und nicht um neue Ideen in der Küche. Also zog er weiter: erst nach Spanien und durch Deutschland, wo er bei mehreren Sterneköchen Praktika machte, dann nach London, um dort im Sternerestaurant „Viajante" zu kochen. „Das heißt auf Deutsch ‚Reisender'. Dort haben Köche aus aller Welt gekocht", erzählt er und grinst, „denn gute Köche haben immer auch Wanderjahre." Elstermeyer wanderte 2012 weiter nach Berlin. Erst wollte er ein eigenes Restaurant eröffnen, verwarf die Idee aber schnell. „Jetzt als Mietkoch und mit dem Supperclub bin ich sehr viel freier."

◆

Elstermeyer will Speisen anders präsentieren. Überraschender.
Ein Bauernfrühstück wachsweich und eisig. Maronen als essbare Steine.
So viel Show muss sein.

◆

Seine Kreativität lebt er alle drei Wochen an zwei Abenden in seinem Supperclub aus. Dann sitzen zwölf Gäste im großen Wohnzimmer neben der WG-Küche. Für jeden Gast gibt es sieben bis zehn Gänge. Und jeder Gang erzählt eine andere Geschichte des modernen Kochens. Wie Maronen zu essbaren Steinen werden zum Beispiel, oder warum Sellerie und Tannennadel eine gute Kombination sein kann. Durch die Altbaufenster blicken die Gäste auf Kreuzberg, in die Ecke auf leuchtende Lettern: „gaumengold". Sie sind selbst gemacht. Genauso übrigens wie der Servierwagen, der Tisch und sogar die Keramik. „Ja, manchmal fehlt mir das passende Geschirr, dann töpfere ich es einfach selbst." So viel Show muss dann doch sein. ◆

Von wegen Chemielabor! Moderne Küche braucht keine exotischen Zutaten und auch keine Hightech-Geräte

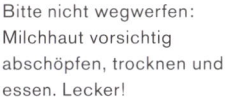

Bitte nicht wegwerfen: Milchhaut vorsichtig abschöpfen, trocknen und essen. Lecker!

Volle Pulle Konzentration:
Elstermeyer dekoriert mit
Pinzette und Sahnesiphon

◆

Eine Karotten-Gelatine-Mischung ummantelt ein Aprikosenpüree.
Fertig ist das fruchtige Spiegelei.

◆

JOGHURT MIT FRÜCHTEN

für 4 Personen

MILCHHAUT

Milch in einem eckigen Metallbehälter bei niedriger Stufe (ca. 3) auf dem Herd temperieren (nicht kochen!), bis eine Haut entsteht.

Die Haut mit einem Messer vom Rand lösen und mit beiden Händen die Milchhaut in der Mitte greifen, hochheben und flach auf ein Backpapier legen. Im Dörrautomaten oder im Backofen bei 60 Grad trocknen, bis die Haut knusprig ist.

GRIECHISCHER JOGHURT

Joghurt mit dem Sirup vermengen und eine Prise Salz zufügen.

KARAMELLISIERTER MILCHZUCKER

Milchzucker auf Backpapier stäuben und bei 200 Grad im Backofen karamellisieren, bis er goldbraun geworden ist.

GESCHÄUMTE SAUERMILCH

Alle Zutaten vermischen, in einen Sahnesiphon füllen und diesen mit 2 Patronen bestücken.

APRIKOSEN-KAROTTEN-SPHÄREN

Aprikosenpüree in einer Halbkugel-Silikonform einfrieren.

Karotten schälen und im Entsafter entsaften, 500 ml Saft mit der Gelatine verrühren und aufkochen. Die gefrorenen Aprikosenhalbkugeln auf einen Zahnstocher pieksen, 3-mal vorsichtig in den heißen Karottensaft tauchen, damit sich eine feste Haut bildet. Behutsam vom Zahnstocher lösen. Die fertigen Sphären auf einem Teller im Kühlschrank auftauen lassen.

FRÜCHTE

Zutaten in kleinen Schüsseln anrichten: Eine Portion des griechischen Joghurts einfüllen, darauf kleine Nocken der Sauermilch sprühen. Die Aprikosen-Karotten-Sphäre auf den Joghurt setzen. Mit Milchhaut, Früchten und karamellisiertem Milchzucker garnieren.

ZUTATEN

Milchhaut
2 l Milch

Griechischer Joghurt
450 g griechischer Joghurt
1 EL Ahornsirup
1 Prise Salz

Karamellisierter Milchzucker
300 g Milchzucker

Geschäumte Sauermilch
100 g Schmand
400 g Buttermilch
1 Spritzer Zitrone
2 TL Zucker

Aprikosen-Karotten-Sphären
300 ml Aprikosenpüree
800 g Karotten
25 g vegetarische Gelatine

Früchte
100 g Blaubeeren, frisch
100 g Himbeeren, frisch
50 g Johanisbeeren, gefriergetrocknet
50 g Himbeeren, gefriergetrocknet

BAUERNFRÜHSTÜCK

für 4 Personen

ZUTATEN

Onsen-Eier
4 Eier

Kartoffelschaum
500 g Kartoffeln
200 ml Milch
1 Prise Muskat
Sahnesiphon mit
2 Patronen

Speckmarshmallows
15 g Gelatine
4 Eiweiß
100 ml Wasser
80 g Zucker
100 g Speck

Gewürzgurkengranité
300 g Gewürzgurken

ONSEN-EIER
Eier im Wasserbad bei 60 Grad 2,5 Stunden in der Schale garen.

KARTOFFELSCHAUM
Kartoffeln schälen, in Scheiben schneiden und in gesalzenem Wasser gar kochen. Milch und Muskat zufügen und mit einem Pürierstab oder Standmixer pürieren; die Konsistenz sollte wie die einer dicken Vanillesoße sein. Mit Salz und eventuell noch mehr Muskat abschmecken. Die Kartoffelmasse in einen Sahnesiphon füllen und mit 2 Patronen bestücken. In einem Wasserbad warm stellen.

SPECKMARSHMALLOWS
Gelatine in Eiswasser einweichen. Speck in einem kleinen Topf auslassen, Wasser und Zucker zufügen und auf 115 Grad erhitzen. Die heiße Masse durch ein Sieb passieren. Die Gelatine ausdrücken und zu dem Specksirup geben. Parallel dazu das Eiweiß in einer Küchenmaschine aufschlagen und den Sirup in die aufgeschlagene Eiweißmasse einlaufen lassen. Danach in einen flachen Behälter abfüllen und im Kühlschrank kalt stellen.

GEWÜRZGURKENGRANITÉ
Gurken abgetropft in einem Entsafter entsaften. Saft in einem flachen Gefäß einfrieren. Kurz vor dem Servieren aus dem Gefrierschrank nehmen und das Eis mit einer Gabel zu feinem Gurkenschnee kratzen.

Das Bauernfrühstück in Müslischalen oder auf kleinen, bauchigen Tellern servieren: Das Onsen-Ei aufschlagen und in die Mitte setzen, den Kartoffelschaum danebensprühen, das Granité dazugeben. Mit den in Würfel geschnittenen Speckmarshmallows garnieren.

Frisch und leicht statt deftig: Das Ei ist warm und cremig, das Gewürz-gurkengranité eiskalt

Die Glücklichmacher

Tomaten gibt es in Deutschland das ganze Jahr und überall. Unsere Autorin **MARGITTA SCHULZE LOHOFF** *ist sich sicher: Die meisten isst ihre Mutter*

———————————— 🍅 ————————————

Sie tut es schon wieder. So liebevoll wie ein französischer Bäcker Apfelscheiben auf einer Tarte schichtet sie auf einer Brötchenhälfte Tomatenscheiben aneinander. Dicke, glänzende, leuchtend rote Tomaten. Sie verteilt noch ein paar Zwiebeln auf dem Schichtwerk, ein bisschen frischen Schnittlauch, Salz und Pfeffer. Jetzt fehlt nur noch die Scheibe Brot, die dieses Frühstück überhaupt erst handhabbar macht. Wie eine Krone setzt sie sie auf das Tomatenbett.

◆

Nichts erinnert mich mehr an zu Hause als der Geruch von Tomaten, Zwiebeln, frischem Brot und dieser süßlich-herzhafte Geschmack.

◆

Das macht meine Mutter jeden Morgen. Sie macht das noch nicht ihr ganzes Leben lang, also nicht seit 65 Jahren, aber mindestens seit ich sie kenne – und das sind immerhin auch schon drei Jahrzehnte. Sie zelebriert ihr Morgenritual mit Tomatengebirge, Zeitung und Kaffee. Ich liebe das. Nichts erinnert mich mehr an zu Hause als der Geruch von Tomaten, Zwiebeln, frischem Brot und dieser süßlich-herzhafte Geschmack. Nichts hat meinen Frühstücksgeschmack stärker geprägt. Zugegeben, inzwischen esse ich morgens auch mal andere Dinge oder viel häufiger gar nichts. Doch wenn ich bei meiner Mutter zu Besuch bin, will ich ein Tomatenbrot. Immer! Meine Mutter backt das beste Schwarzbrot, das ich kenne. Zum Frühstück mag ich es nicht. Da brauche ich Vollkornbrot, Graubrot oder – am allerbesten – ein getoastetes Roggenvollkornbrot. Und Tomaten!

Im Durchschnitt isst ein Deutscher 22 Kilogramm davon pro Jahr. Ich habe keine Ahnung, wie viele Tomaten ich pro Jahr esse, aber ich bin da wohl eher Durchschnitt. Meine Mutter isst das Dreifache. Ehrlich! Meine Brüder und ich haben das vor Kurzem ausgerechnet (meine Brüder können besser rechnen als ich). Sie kauft jede Woche 1,5 Kilogramm Tomaten und schätzt, dass sie ungefähr 1,2 Kilogramm davon für das tägliche Frühstücksbrot braucht. Mal 52 Wochen macht das 62,4 Kilogramm Tomaten jährlich. Meine Mutter hat den Kopf geschüttelt, als wir ihr das vorgerechnet haben – und dann gegrinst.

Tomaten, die eigentlich Beeren sind, machen nun mal glücklich. Das ist erwiesen. Ihre Inhaltsstoffe helfen, den Glücksbotenstoff Serotonin zu produzieren. Sollte man sonst noch etwas über die Tomate wissen? Vielleicht noch, dass sie ursprünglich aus Südamerika stammt und wahrscheinlich von Kolumbus nach Europa gebracht wurde? Oder dass es heute mehr als 2500 Sorten gibt, Tomaten aber erst seit circa 1900 in Deutschland als Lebensmittel bekannt sind? Erst kurz zuvor hatten sie ihren heutigen Namen erhalten – abgeleitet von xitomatl, dem Wort für die Frucht in der Aztekensprache Nahuatl. Vor dem 19. Jahrhundert war das Nachtschattengewächs im deutschsprachigen Raum vor allem als Liebesapfel oder Goldapfel bekannt. In Südtirol nennt man sie heute noch Paradeiser oder Paradiesapfel. Entzückend! Ich habe schon immer geglaubt, dass Eva im Paradies keinen Apfel gepflückt hat. Wer braucht schon Äpfel, wenn er Tomaten haben kann – nicht wahr, Mama? ◆

WESTFÄLISCHES SCHWARZBROT
1 Brot

Ein Tomatenbrot ist schnell gemacht: Brötchen, Butter oder eine Scheibe Käse, Tomaten, Zwiebeln, Kräuter, Salz, Pfeffer und noch eine Scheibe Brot, alles schichten und in Ruhe essen. Und wenn Sie fertig sind, sollten Sie dieses Brot backen. Mehr Glück geht nicht!

Buttermilch, Rübenkraut, Salz und Trockenhefe miteinander verrühren. Dann Roggenschrot, Weizenmehl, Weizenschrot und Sonnenblumenkerne nach und nach hinzufügen. Es entsteht eine zähflüssige Masse. Eine Kastenform (35 cm) mit Backpapier auslegen, die Masse einfüllen und mit Alufolie abdecken. 3 Stunden bei 175 Grad (Umluft: 160 Grad) backen. Anschließend das Brot 10 Stunden lang im abgeschalteten Ofen lassen. Die Ofentür so lange nicht öffnen!

Bei dieser Zubereitung wird das Brot sehr saftig. Wer Schwarzbrot lieber etwas trockener mag, lässt die Alufolie weg, damit die Feuchtigkeit entweichen kann.

ZUTATEN

1 l Buttermilch
1 Topf Rübenkraut (450 g)
1 TL Salz
2 Pk Trockenhefe
50 g Roggenschrot
600 g Weizenmehl
250 g Weizenschrot
250 g Sonnenblumenkerne

Ganz schön pink

ISABELLE TEGTMEYER *ist Modedesignerin und Frühstücksfan.*
Da liegt es nahe, dass es bei ihrem Frühstück nicht
nur um den Geschmack geht. Schön soll es auch werden

Der Lack ist ab. An der Tischkante und auf der rosafarbenen Tischplatte ebenfalls. Große und kleine Flecken mustern den Essplatz. „Mein Vater sagt immer: ‚Kauf dir doch mal einen neuen Tisch', aber ich finde ihn so schön!" Schön ist mitnichten immer gleichbedeutend mit perfekt. Isabelle Tegtmeyer, Modedesignerin und Frühstücksfan, weiß das. Das gilt in ihrem Job genauso wie in ihrer Küche. Schön ist aufregend – und manchmal pink. So wie das Frühstück, das sie gerade für eine Freundin vorbereitet. Ihr Plan: „Pretty in Pink" soll es sein.

Für Tegtmeyers Passion fehlt der deutschen Sprache noch der richtige Begriff. Dabei ist es so einfach: Sie ist eine fanatische Frühstückerin. „Na ja, fanatisch? Wenn ich zur Arbeit muss, frühstücke ich nie", wehrt sie ab. In der Woche bleibe keine Zeit, aber am Wochenende, ja, da kann es schon mal etwas ausufern. Ihr Frühstück. Das war schon so, als sie noch Kind war. Da hat sich die ganze Familie an Samstagen oder Sonntagen im Bademantel an den Tisch gefläzt, den ihre Mutter gedeckt hatte, als der Rest der Familie noch tief schlief. Verschiedene Käsesorten, Eier – gekocht, gerührt oder als Spiegelei –, ein Obstsalat, frische Brötchen … ein klassisches deutsches Frühstück eben. In voller Länge. „Wir saßen da manchmal Stunden, haben gequatscht, Zeitung gelesen und einfach gegessen. Ich kann mir nichts Schöneres an einem Sonntagmorgen vorstellen."

Heute ist ein Samstagmorgen. Auf der Anrichte liegen Rote Bete und rote Beeren. Ihre Freundin hackt gerade Kräuter für ein rotes Pesto, Tegtmeyer zerstößt dafür Pinienkerne in einem Mörser. Dann zerkleinert sie noch Rote Bete, um sie mit dem Pesto in einen Waffelteig zu mischen. Das färbt ihn rosa und lässt ihn herzhaft schmecken. „Klingt komisch, oder? Das sagen immer alle. Es ist aber total lecker. Warum sollte man Waffeln nicht herzhaft essen können, kann man Crêpes doch auch", sagt sie und greift zu den roten Beeren. „Die wasche ich nur, den Rest macht der Mixer." Zusammen mit anderen Früchten macht sie daraus einen Smoothie.

◆

Mit der Familie oder mit Freunden stundenlang frühstücken?
An einem Sonntagmorgen kann sich Isabelle Tegtmeyer nichts Schöneres vorstellen.

◆

Einfach selbst gemacht.
In Berlin hat Isabelle
Tegtmeyer keine Franz-
brötchen gefunden, die
nach ihrem Geschmack
waren

Tegtmeyer greift jetzt in den Kühlschrank, nimmt eine Packung Hefeteig heraus, legt sie auf die Arbeitsplatte und schneidet die Folie auf. Fertigteig? „Ja, natürlich. Den Teig selbst zu machen, dauert mir zu lange", sagt sie und lacht, „das Ausrollen ist ja schon Arbeit genug." Noch klebt die Teigmasse am Nudelholz, wenn sie fertig ausgerollt ist, sollen daraus Franzbrötchen werden. Eine Spezialität aus Hamburg, dort gehört das Gebäck in vielen Familien zum Frühstücksritual. „Ich habe dort ein paar Jahre gelebt und liebe Franzbrötchen! Und in Berlin kriegt man einfach keine guten." Also macht sie sie selbst und faltet ein Franzbrötchen nach dem anderen. Im gleichmäßigen Takt, fast schon meditativ. „Ja, nicht wahr? Wenn ich in der Küche bin, schalte ich völlig ab", erzählt Tegtmeyer. Sie brauche das Kochen und Backen auch als Ausgleich zum Modedesign-Job, bei dem sie kaum noch etwas selbst schneidert, sondern alles mit dem Computer. „Ich möchte etwas erschaffen, etwas Schönes mit den Händen machen."

Schön ist ein gutes Stichwort. „Der Tisch! Ich muss noch den Tisch decken." Teller, Tassen, Gläser, dazu Kerzen und ein paar Blumen, dann fehlt nur noch das Frühstück: rosa Waffeln mit Hummus, Ziegenkäse und Feigen. Franzbrötchen mit Vanille-Mohn-Quark und frischen Himbeeren. Ein Smoothie. Ganz schön pink alles. „Und lecker!", sagt die Freundin. Die Gastgeberin lächelt. ◆

FRANZBRÖTCHEN MIT STREUSELN

für 4 Personen

Butter im Topf zerlassen. Die flüssige Butter mit Zucker und Zimt vermischen, nach und nach Mehl und anschließend Kakaopulver dazugeben. Dann mit den Händen oder einem Knethaken zu mittelgroßen Streuseln formen.

Teig ausrollen. In einem Topf 75 g Butter schmelzen lassen und mit Zucker und Zimt vermischen.

Den Teig so schnell wie möglich gleichmäßig mit der warmen Masse bestreichen. An der oberen Kante des Teigs einen circa 1,5 cm breiten Streifen freilassen. Teig einrollen. Die Kante dient zum Verkleben der Rolle.

Teigrolle in Trapeze schneiden. Die Trapeze auf die längere Seite legen und von oben in der Mitte mit einem Stäbchen oder Kochlöffel vorsichtig eindrücken. Dabei wölben sich die Außenseiten nach oben, und es entsteht der typische Schnecken-Franzbrötchen-Look.

Mit etwas Milch bestreichen und die Streusel auf den Franzbrötchen verteilen. 20 bis 30 Minuten bei 180 Grad im Ofen (bei Umluft 160 Grad) backen.

ZUTATEN

Für die Streusel
100 g Mehl
75 g Butter
60 g Zucker
½ TL Zimt
3–5 TL Kakao zum Backen
(feinherbes Aroma)

Für die Franzbrötchen
1 Pk frischer Hefeteig
(bereits fertig, aus der Frischkühltheke)
100 g Butter
100 g Zucker
3 TL Zimt
etwas Milch

Wer braucht schon ein
Rezept? Und warum
sollten süße Sachen nicht
auch mal herzhaft daher-
kommen? Tegtmeyers
Eigenkreation: rosa
Waffeln

ROSA WAFFELN
für 4 Personen

Butter in einem Topf bei mittlerer Hitze schmelzen.
Milch und Eier zugeben und gut vermischen.

In einer Schüssel das Backpulver mit dem Mehl vermischen. Die Milch-Eier-Butter-Mischung zum Mehl geben.
Alles gut vermengen. Mit Salz und Pfeffer würzen.

Den Teig nun ergänzen mit rotem Pesto und Roter
Bete. Einen Teil der Tomaten feiner, den anderen etwas
gröber zerhacken. Pinienkerne grob zermörsern. Tomaten, Pinienkerne, Parmesan und Basilikum vermengen,
nach Belieben mit Olivenöl beträufeln. Mit Meersalz,
Limettenpfeffer und Chili abschmecken.

Rote Bete in Würfel schneiden und pürieren. Rote
Bete-Mus und Pesto unter den Waffelteig rühren. So
erhält der Teig seine rosa Farbe. Je nach Menge der
Roten Bete wird der Ton intensiver oder schwächer.

Die Waffeln im Waffeleisen backen. Nach Belieben
garnieren. Zum Beispiel mit Hummus, Ziegenkäse,
Feigen, Rucola und Mandelsplittern. Kapuzinerkresse
und Crema di Balsamico als Dekoration.

ZUTATEN

Der Basis-Waffelteig
250 g weiche Butter
2 Eier
500 g Dinkelmehl
1 Pk Backpulver
2 kl. Tassen (Soja-)Milch
Salz, Pfeffer

Rotes Pesto
200 g getrocknete
Tomaten in Olivenöl
50 g Pinienkerne
(grob zermörsern)
4–5 EL Olivenöl
100 g Parmesan
einige frische
Basilikumblätter
Meersalz, Limettenpfeffer,
Chili
3 mittelgroße gekochte
Rote Bete (gibt es fertig
im Supermarkt)

◆

*Christoph Günner will mit Superfood und Rawfood auf nachhaltige Weise Geld
verdienen – ohne der Umwelt oder Menschen in fernen Ländern zu schaden.*

◆

Die Geschichte vom Glückssmoothie

Der Berliner CHRISTOPH GÜNNER *startet jeden Tag mit einem Matcha-Tee und einem Superfood-Smoothie. Aus diesem Ritual ist eine Geschäftsidee geworden: Er verkauft Superfood aus Indonesien in Deutschland – und will nebenbei noch Gutes damit tun*

Wie ein Teppich liegen die Wälder auf sanft geschwungenen Hügeln. Hier, im Nordosten Balis, stehen die Bauern früh auf, marschieren in den Wald und sammeln Kakaobohnen, Cashewfrüchte, Moringablätter, und Mangos. Die Männer und Frauen sind Teil einer Kooperative, die der Berliner Christoph Günner auf der Insel unterstützt. Er bekommt von den Bauern frische Produkte für seine Firma „Organic Island", die Balinesen faire Preise. Wie es dazu kam? Die Geschichte beginnt in Berlin.

Es ist ein Freitagvormittag. Christoph Günner steht in der Küche seiner Wohnung und bereitet seinen allmorgendlichen Smoothie vor. Er schneidet eine Birne in vier Stücke und erzählt: „Unsere Idee ist es, die Bauern ordentlich zu bezahlen, ihre Kinder bei der Schulbildung zu unterstützen – und gleichzeitig den Menschen in Deutschland gesunde biologische Lebensmittel anzubieten." Man könnte auch sagen, er will auf nachhaltige Weise Geld verdienen – ohne der Umwelt oder Menschen in fernen Ländern zu schaden. „Ein Teil unserer Einnahmen soll auch den Menschen auf Bali wieder zugutekommen. Die Kooperative baut dort jetzt mit unserer Unterstützung eine Schule."

Einen Teil der Einnahmen spenden? Christoph Günner lacht. „Ja, dieses Ziel habe ich mal auf eine Liste mit Dingen geschrieben, die ich im Leben erreichen möchte. Ich möchte nicht nur irgendein Geschäft aufbauen, ich will etwas zurückgeben." Unwahrscheinlich, dass seine Geschäftsidee aufgeht, ist es nicht. Die sogenannten Superfoods sind ebenso wie Rawfoods im Trend. Die Verbraucher suchen nach Alternativen zu Fleisch, Fisch und industriell gefertigten Lebensmitteln. Diese Lebensmittel – zum Beispiel Chiasamen, Kakaobohnen oder Cashewkerne – sollen Inhaltsstoffe enthalten, die die Gesundheit stärken.

Doch die Geschäftsidee lag nicht so nahe, wie es klingt. Wenn man es genau nimmt, ist Christoph Günner auf der Suche nach ihr um die ganze Welt gereist. Nach Costa Rica zum Freiwilligendienst nach dem Abitur, nach Spanien und Bremen zum Studium, nach Indonesien und Australien zum Reisen, Surfen und Jobben. „Das war eine tolle Zeit, doch als ich 30 wurde, war ich zurück in Deutschland und habe mich gefragt: ‚Was will ich eigentlich mit meinem neuen Lebensabschnitt anfangen?'" Die Antwort kam nicht so einfach, also begann er eine Liste zu schreiben, auf der er notierte, was ihm wirklich wichtig ist. Aus diesem Stichworte-Puzzle wurde langsam eine Idee. „Zu der Zeit hatte ich mich schon viel mit gesunder Ernährung auseinandergesetzt", sagt er.

Die Superfoods faszinierten ihn, er vertiefte sich immer mehr in das Thema, und zusammen mit den Listenpunkten „Umwelt schützen", „Bauernkooperative auf Bali aufbauen", „zu besserer Ernährung inspirieren" wurde diese Faszination erst zur Geschäftsidee, dann zum Geschäft (das er inzwischen auch um Bio-Matcha-Tee aus Japan erweitert hat). „Ja, eigentlich ist alles aus dem Wunsch heraus entstanden, dass ich mich besser ernähren und mein Leben ändern will." Er wollte sich gut fühlen und schwört, das Superfood habe ihm dabei geholfen.

Im Mixer liegt ein bunter Salat aus Birne, Banane, Himbeeren, getrockneten Ananas- und Mangostücken, Cashewkernen, Kakaobohnen, Chiasamen, Gojibeeren, Maca- und Lucuma-Pulver. Günner drückt auf den Startknopf. „Wenn ich das morgens trinke, fühle ich mich danach wie frisch verliebt." Ehrlich? „Ja! Das liegt an den Kakaobohnen und den Cashewkernen. Beide setzen spezielle Botenstoffe frei und machen einfach glücklich." ◆

GLÜCKSSMOOTHIE
für 1–2 Personen

Die Zutaten nach und nach in einen Mixer geben. Mixer anschalten und warten, bis der Smoothie die gewünschte Konsistenz erreicht hat.

ZUTATEN

1 Birne
1 halbe Banane
150 g tiefgefrorene
Himbeeren
15 g getrocknete Ananas
15 g getrocknete Mango
2,5 EL Cashewkerne
1 EL Rohkakaobohnen
1 EL Chiasamen
1 EL Gojibeeren
1 TL Maca-Pulver
1 EL Lucuma-Pulver
250 ml Wasser
1 TL Kokosöl
Fleur de Sel

GRÜNER SMOOTHIE
für 1–2 Personen

Zutaten in einem Mixer vermengen. Achtung: Ingwer und Moringa-Pulver verleihen dem Smoothie eine leichte Schärfe. Wer es lieber mild mag, sollte sich langsam an die richtige Dosierung herantasten.

ZUTATEN

1 Handvoll Spinat
1 Kohlrabiblatt
1 Stück Gurke (5 cm lang)
1 Birne
1 Feige
(getrocknet oder frisch)
10 g getrocknete Ananas
1 TL Gojibeeren
250 ml Wasser
1 TL Zitronensaft
1 TL Moringa-Pulver
1 TL Lucuma-Pulver
1 Prise Zimt
1 kleines Stück Ingwer
1 Prise Fleur de Sel

51

Deutschland

Morgens
in Deutschland

*Auch wenn wir morgens immer seltener essen: Kaum eine Nation
hat so eine ausgeprägte Frühstückskultur wie wir Deutschen. Und kurios
ist sie obendrein manchmal auch noch*

EIN ÜBERBLICK

TRADITIONELL

Deutschland, einig Brotland — Was auf einem deutschen Frühstückstisch
steht? Unter Umständen ganz schön viel! Brötchen, Brot und Toast, wer es
süß mag, isst es mit Marmelade oder Honig, wer es deftig liebt, nimmt
Käse, Wurst oder Aufschnitt dazu. Milch, Obst und Joghurt sind auch
beliebt. Und nicht zu vergessen das Frühstücksei. Herrlich!

◆

BAYERISCH

Hinterm Weißwurstäquator — Man nehme eine Weißwurst, esse dazu eine
Brezel und süßen Senf und trinke ein Weißbier – und zwar vor zwölf Uhr
mittags! So steht's im ungeschriebenen bayerischen Weißwurstfrühstücks-
gesetz.

◆

NORDISCH

Mit schwerem Kopf — Vor allem in Norddeutschland beliebt: das Fisch-
brötchen. Zwei Rundstücke belegt mit Zwiebeln, sauren Gurken, Sauerkraut und natürlich Fisch wie Matjes oder Bismarckhering. Perfektes
Katerfrühstück.

SCHNELL

Der Snack zwischendurch — Vesper, Jausen, Brotzeit, Fofftein und wie sie nicht alle heißen: Der kleine – meist herzhafte – Imbiss zwischen den Mahlzeiten kann morgens und nachmittags stattfinden, ist aber am Vormittag ganz besonders beliebt. So sehr, dass sich auch die Werbung mit dieser Tradition schmückt: „Morgens halb zehn in Deutschland" …

◆

VIELFÄLTIG

Die doppelte Mahlzeit — Alle treffen sich zum Brunch. Am Samstag. Am Sonntag. An Feiertagen. Manchmal scheint es, als sei „Brunchen" an Wochenenden des Deutschen liebste Freizeitbeschäftigung. Warum auch nicht? Meist gibt es ein großes Büffet, und man kann von morgens bis nachmittags essen, bis der Bauch platzt.

Das wilde Leben der Frau Bunt

Auf den ersten Blick wirkt alles ganz beschaulich: SANDRA-ANNA CHRISTEN *bloggt ihre Lieblingsrezepte und stellt Müslis her. Doch es ist alles viel abenteuerlicher. Von einem Leben zwischen Tigern, Löwen und Schauspielschule*

Am Anfang ist es vor allem bunt: Im Flur ihrer Wohnung sind die Wände himmelblau, im Wohnzimmer grasgrün, in der Küche feuerrot und sonnengelb. „Ich mag einfach Farben", sagt Sandra-Anna Christen. Sie mag sie so sehr, dass sie daraus ihr Markenzeichen gemacht und ihren Blog danach benannt hat: „Frau Bunt kocht".

Sandra Christen steht am Fenster ihrer Küche in Berlin-Charlottenburg und füllt Müsli in einen Mixer. Dazu ein paar Tomaten und Vanillezucker. „Das klingt im ersten Moment nach einer seltsamen Kombination, wenn die Tomaten jedoch vorher kandiert wurden, passt das aber hervorragend zu einem Müsliriegel", erklärt sie. Sie muss es wissen, denn Frau Bunt – die Bloggerin – stellt seit diesem Jahr auch Müsli her. „Das ist so vielseitig. Ich selbst mag es nicht nur zum Frühstück, man kann es auch wunderbar als Topping für Suppen verwenden oder für einen Kuchenboden."

Zur eigenen Müsli-Manufaktur haben sie Freunde inspiriert, die eine Ölmühle in Kreuzberg betreiben. Sie füllen Saaten wie Hanf, Leinsamen, Kokos, Haselnuss, Walnuss und Kürbis in ihre Mühle und unten kommen Öl und die ausgepressten Samen wieder heraus. „Aus diesen Resten kann man wunderbare Müslis machen – und obendrein ist es noch nachhaltig, weil nun alle Teile der Produktion verwendet werden", erklärt Christen die Idee ihrer veganen Knusperstreusel-Müslis. Der Markenname: „BuntWild". „Weil mein Leben nicht nur bunt, sondern auch ziemlich wild war und ist."

Übertrieben ist das nicht. Ihre Eltern waren Tierpfleger und Raubkatzen-Dompteure und sind mit ihren Kindern von Safaripark zu Safaripark zu Zaubershow und zum nächsten Safaripark gezogen. „Diese ständigen Ortswechsel waren natürlich anstrengend für mich und meinen Bruder, es hatte aber auch seine Vorteile. Meine Eltern haben Löwen- und Tigerbabys im Wohnzimmer aufgezogen. Das war natürlich toll", erinnert sie sich.

◆

*Sandra Christen lernt übers Sehen. „Wenn ich einmal gesehen habe,
wie etwas gekocht oder gebacken wird, kann ich es normalerweise selbst.“*

◆

Doch ihr Leben, sagt sie, sei dadurch nicht ganz gerade gelaufen. Auch nach der Schule bleibt es wild. Sie macht eine Ausbildung zur Fleischerei-fachverkäuferin, geht danach als Au-pair in die USA. Nach einem Jahr ist sie zurück in Deutschland, holt ihr Abitur nach, besucht drei Jahre lang eine Schauspielschule und zieht danach nach Berlin. „Hier habe ich für Kindertheatertourneen gearbeitet und gemerkt, dass man in Berlin ganz viel arbeiten kann, aber kaum Geld dafür bekommt." Also beginnt sie ein Studium an der Uni Potsdam, Fach „Europäische Medienwissenschaften". Kurz nach dem Abschluss hat sie die Idee zu bloggen. Das war im Jahre 2013 und sie ist Anfang 40.

Frau Bunt kocht schon seit ihrer Jugend. „Ich mache das unheimlich gern, weil es die Seele nährt und man den Menschen dabei so nahe kommt." Sie sagt, man könne ihr vier Zutaten geben und in 20 Minuten habe sie daraus drei Rezepte gemacht. Das Talent nutzt sie in ihrem Blog. „Dort sind alle Rezepte von mir selbst." Das für die Kürbis-Pommes mit Apfel-Chutney genauso wie das für die Quiche mit Zucchini und Erbsen. Inzwischen bloggt sie nicht nur, sondern gibt auch Kochkurse, obwohl sie selbst nie eine Kochschule besucht hat. „Ich lerne übers Sehen. Wenn ich einmal gesehen habe, wie etwas gekocht oder gebacken wird, kann ich es normaler-weise selbst."

Im Gasofen in der rot-gelben Küche verfärbt sich das Müsli auf dem Blech inzwischen golden. Sandra Christen öffnet die Ofentür ein bisschen und guckt hinein. „Das sieht gut aus", sagt sie und lacht, „ich backe immer nach Sicht." Die Masse muss noch etwas abkühlen, danach kann Sandra Christen sie in Riegel schneiden. „Aber nicht so gerade, lieber etwas schräg." Bunt und wild eben. ◆

BUNTWILDE TOMATEN-VANILLE-MÜSLIRIEGEL

ergibt ca. 20 Riegel

Die Hälfte der Haferflocken und die getrockneten Tomaten in eine Schüssel geben (keine Sorgen, wenn etwas vom Tomatenöl hineingerät, das macht die Masse geschmeidiger). Alles im Mixer vermengen, bis noch grobe Tomatenstücke erkennbar sind. Die Masse mit den restlichen Zutaten vermengen und zu einem homogenen Teig verarbeiten.

Den Backofen auf 220 Grad vorheizen. Ein Backblech mit Backpapier auslegen und den Teig darauf einen halben Zentimeter dick verteilen. Ein zweites Blatt Backpapier auf den Teig legen und mit einer kleinen Teigrolle ganz glatt ausrollen, sodass die Masse überall die gleiche Stärke hat. Je akkurater der Teig jetzt in Form gebracht wird, desto einfacher wird es, ihn nach dem Backen zu schneiden.

Circa 25 Minuten bei 200 Grad im Ofen backen. Auskühlen lassen. Wenn der Teig erkaltet ist, in Riegel schneiden – am besten mithilfe eines Teppichmessers und eines großen Lineals. In einer Keksdose aufbewahren oder einfach direkt essen.

ZUTATEN

500 g kernige
Haferflocken
100 g Knusper-Streusel
150 g in Öl eingelegte
getrocknete Tomaten
1 Pk Vanillezucker
1 Prise Salz
2–3 EL Agavendicksaft

KAPITEL ZWEI

58–101

ITALIEN *England* FRANKREICH DÄNEMARK LITAUEN *und* NORWEGEN

— Buongiorno — Bonjour — Good morning —
Godmorgen — Labas rytas! — I like! —

Wirklich hyggelig

CAROLINE LUND, *die Dänin, macht Frühstück.* LARS ELLERBROCK, *der Hanseat, kocht Tee – eine Kombination, die gute Laune macht, und sei es noch so früh am Morgen*

Die Dänen – so sagt ein Bericht der Vereinten Nationen – sind das glücklichste Volk der Erde. Fünfeinhalbmillionen glückliche Menschen. Die zufriedensten Deutschen leben in Hamburg (und in Schleswig-Holstein, um ganz genau zu sein). Ob diese Küche im Süden der Hansestadt nun einer der glücklichsten Orte der Welt ist, wurde noch nicht untersucht, aber einige Indizien sprechen dafür: der üppig gedeckte Tisch, die Kerzen, deren Schein auf den blau-weißen Kacheln an der Wand tanzt, ein gut gelauntes Paar: Caroline Lund, Dänin, und Lars Ellerbrock, Hanseat. Was sollte die Stimmung da noch trüben? Richtig, nichts.

Ein Wintermorgen in Norddeutschland, draußen ist es noch dunkel. Lund öffnet die Kühlschranktür und stellt eine weiße Schale auf die Kochinsel in der Mitte der Küche. „Das ist Graved Lachs. Ich habe ihn schon gebeizt, jetzt belege ich ihn noch mit frischem Dill und mache die Senfsoße", erklärt sie und zählt auf, was sie noch auftischen möchte: Wachtelspiegeleier, dänischen Joghurt mit Granola und Blaubeeren, Brombeermarmelade, frischen Apfelsaft. „Wir Dänen lieben es zu frühstücken", sagt Lund, „und ich liebe es zu kochen."

Das Wasser simmert. Lars Ellerbrock öffnet den Deckel des Wasserkochers. „Vor dem Aufbrühen sollte das Wasser etwas abkühlen", erklärt er. Er muss es wissen, seine Familie handelt seit Generationen mit Tee. Und er selbst hat mit Lifebrands eine Firma gegründet, die gesunde Lebensmittel, Snacks, Getränke und unter dem Label „just t" eben auch Tee vertreibt. Nach zwei Minuten hat das Wasser die richtige Temperatur. In einer Teekanne liegt loser Grüner Tee in einem Körbchen, er gießt das Wasser darüber, lässt den Tee ein, zwei Minuten ziehen – und schüttet den ersten Aufguss in den Abfluss. „So wird der Tee nicht bitter." Die Bitterstoffe ummanteln die geraspelten Teeblätter, beim ersten Aufguss werden sie abgewaschen, der zweite Aufguss wird milder.

Caroline Lund hat in der Zwischenzeit die Marmelade gekocht und streicht nun die Granola-Mischung auf ein Stück Backpapier. Warten – Zeit, den Tisch fertig zu decken. Denn für ein richtiges dänisches Frühstück fehlt noch einiges. Vor allem Brot! „Ohne Brot ist es kein richtiges Frühstück. Ich

◆

Es sprechen einige Indizien dafür, dass diese Küche einer der glücklichsten
Orte der Welt ist: ein üppig gedeckter Tisch, ein gut gelauntes Paar …

◆

kenne keinen Dänen, der kein Schwarzbrot isst. Oder Franzbrot, das ist unser Weißbrot", berichtet Lund und wendet sich dann einer Etagere zu. Vier Stockwerke hoch, voll belegt mit „Handwerkern", „Kopenhagenern" und „Spandauern". Sie lacht: „Das sind dänische Brotspezialitäten." Die Handwerker sind Mohnbrötchen – „und sehr beliebt als Frühstücksbrötchen am Wochenende" – die Kopenhagener sind süße Mohnstangen, die Spandauer Teigteilchen mit Puddingfüllung. Lund stellt die Etagere auf den Tisch. „Am Wochenende frühstücken wir oft so üppig, das ist einfach schön!"

Lund und Ellerbrock setzen sich an den Tisch. Der Tee ist heiß, der Lachs geschnitten, der Joghurt mit Granola und Blaubeeren bestreut. Caroline Lund, ebenfalls Unternehmerin, strahlt. Es scheint zu stimmen, das mit den glücklichen Dänen. „Aber natürlich", bekräftigt sie. Das liege daran, dass die Dänen so viel an der frischen Luft seien, mit dem Fahrrad fahren oder segeln. Vielleicht liegt es aber auch daran, dass sie die Kunst beherrschen, es sich „hyggelig" zu machen. Wörtlich übersetzt würde es heißen: „genießen". Es bedeutet aber noch so viel mehr: angenehm, gut, geborgen, im trauten Heim, lieblich, malerisch ... oder wie es mal in einem Dänemark-Führer stand: „Es ist die Kunst, Intimität zu schaffen, ein Gefühl von enger Freundschaft, Heiterkeit und Zufriedenheit, alles kombiniert in einem Begriff." Der Kerzenschein tanzt immer noch auf den Kacheln. Lars Ellerbrock grinst: „Ja, das passt. Ihre gute Laune ist immer richtig ansteckend, da weiß man, es kann nichts schiefgehen." Hyggelig, wirklich. ◆

GRAVED LACHS

für 2 Personen

*Die Hälfte des Dills hacken. Salz und Zucker verrüh-
ren und den Lachs mit der Masse bestreichen. In eine
Schale legen, mit Alufolie abdecken und über Nacht
in den Kühlschrank stellen.*

*Der Lachs wird so entwässert. Vor dem Servieren den
Lachs aus dem Kühlschrank nehmen, das Wasser
abgießen, den restlichen Dill hacken und auf dem
Lachs verteilen.*

ZUTATEN

500 g frischer Lachs
100 g Salz
100 g Zucker
2 Bund Dill

SENF-DILL-SOSSE
zum Lachs

für 2 Personen

*Dill mit einer Schere fein schneiden und mit den
restlichen Zutaten vermengen. Rühren, bis eine
cremige Soße entsteht.*

ZUTATEN

1 TL brauner Zucker
(wer hat:
Muscovado-Zucker)
1 TL Senf
1 TL Olivenöl
1 kleine Handvoll Dill

FRISCHE BROMBEERMARMELADE

für 2 Personen

ZUTATEN

1 kleine Schale
Brombeeren (125 g)
1 TL Zimt
1 Stange Zimt
1 TL Vanillezucker
1 TL Zucker
1 Spritzer Zitronensaft

Brombeeren in einen Topf geben und mit einer Gabel zerdrücken. Auf mittlerer Stufe unter ständigem Rühren auf dem Herd erhitzen. Zimt, Zimtstange, Vanillezucker, Zucker und Zitronensaft dazugeben und so lange erhitzen, bis die Masse eine cremige Konsistenz hat. Vom Herd nehmen und vor dem Servieren mindestens 10 Minuten abkühlen lassen. Wer keine Stückchen mag, püriert die Marmelade.

DÄNISCHER APFELSAFT

für 2 Personen

ZUTATEN

4 grüne Äpfel
1 Stück Ingwer
(circa 2 mal 3 cm groß)
2 Zweige Minze

Ingwer klein hacken. Minzblätter von den Zweigen zupfen. Die Äpfel in einen Entsafter geben, Saft auffangen und in zwei Gläser füllen. Ingwer und Minze dazugeben und servieren. →

Schön grün: Der Apfelsaft
kommt direkt aus dem
Entsafter. Minze und
Ingwer sorgen für Frische

GRANOLA MIT JOGHURT

für 2 Personen

ZUTATEN

1 EL Butter
1–2 EL Ahornsirup
5 EL Dinkel- oder
Haferflocken
3 EL gemischte Kerne
(Sonnenblumenkerne,
Kürbiskerne, Pinienkerne)
1 Handvoll Mandeln
1 Handvoll getrocknete
Aprikosen (unbehandelt)
6 EL Joghurt (am
besten dänischer Skyr)
125 g Blaubeeren

Mandeln und Aprikosen hacken. Butter und Ahorn-sirup in einem Topf auf dem Herd erhitzen. Wenn die Masse heiß ist, Flocken und Kerne dazugeben und karamellisieren. Mandeln und Aprikosen in den Topf geben. Alles noch einmal verrühren.

Masse auf ein Backpapier kippen, zu einer Platte ausstreichen, aushärten lassen. Dann in kleine Stücke zerbröseln. Joghurt in zwei Schüsseln geben, Granola und Blaubeeren darauf verteilen.

Karamellisieren, abkühlen
lassen, zerbröckeln:
Granola ist schnell
gemacht und krönt
zusammen mit Blaubeeren
den dänischen Joghurt

◆

Hyggelig „ist die Kunst, Intimität zu schaffen, ein Gefühl von Heiterkeit."
Es scheint zu stimmen, das mit den glücklichen Dänen.

◆

Bloß kein Stress

Warum frühstücken wir? Und ist es überhaupt nötig?
Ein Gespräch mit der Ernährungsexpertin **DR. GESA SCHÖNBERGER**
über die Bedeutung des Frühstücks und anderer Mahlzeiten

Frau Dr. Schönberger, jeder hat seine eigene Vorstellung von
einem perfekten Frühstück. Aber wie frühstückt eigentlich der
Durchschnittsdeutsche?

Es gibt zwar keine ganz aktuellen Studien, aber vor allem kann man sagen,
dass nur ein Teil der Deutschen frühstückt. Ein anderer Teil frühstückt gar
nicht.

Und was isst der frühstückende Teil der Deutschen am Morgen?

Ein wesentliches Element ist ein Getränk – meist ein warmes. Aber manche
Menschen sagen auch, dass sie frühstücken, und meinen damit, dass sie
einen Kaffee trinken. Was Frühstück bedeutet, ist sehr unterschiedlich.
Generell finden wir in Deutschland eher das kontinentale Frühstück auf
den Tischen. Meistens mit Brot, das sowohl süß als auch salzig sein kann.
Oder auch mit Müsli. Was Sie kaum finden, aber in anderen Kulturen –
zum Beispiel in Asien – sehr populär ist, sind Suppen. Das war aber auch
schon vor 100 Jahren so. Unsere Kultur ist so stark vom Brot geprägt, dass
sich selbst die Ladenöffnungszeiten danach richten. Ein Bäcker hat früher
geöffnet als ein Supermarkt.

Warum frühstücken wir überhaupt? Schließlich gab es in der
Geschichte der Menschheit sogar Zeiten, in denen ein Frühstück
verpönt war …

Man muss da unterscheiden zwischen dem Frühstück als erster Mahlzeit
des Tages und dem Frühstück als Mahlzeit am Vormittag. Das Frühstück
am Vormittag ist bestimmt schon oft und bei vielen Menschen ausgefallen.
Beim Frühstück als erster Mahlzeit nach der Nacht ist das etwas anders.

Irgendwann am Tag muss der Mensch etwas essen. Deshalb haben die Menschen, wenn sie etwas zu essen hatten, eigentlich immer gefrühstückt. Aber tatsächlich ist es so, dass die meisten Menschen morgens einfach Hunger haben, sie haben schließlich nachts gefastet. Wie groß das Frühstück jedoch ist, ist von Person zu Person verschieden und hängt davon ab, welche Arbeit wir ausüben, wie schnell wir verdauen und auch wie viele Mahlzeiten wir insgesamt am Tag zu uns nehmen.

Dabei sagt der Volksmund doch, dass das Frühstück die wichtigste Mahlzeit sei.

Das ist aber nicht mehr als ein Glaubenssatz: Irgendwer hat das mal als Behauptung formuliert, und weil es logisch klingt, verankert es sich in unseren Köpfen. Der Satz mit dem Frühstück als wichtigster Mahlzeit stammt aus der Schlankheitsdiskussion, die schon die Römer geführt haben. Da geht es aber eher darum, dass, wer abends viel isst, schneller an Gewicht zunimmt. Und da viele Menschen mittags nicht so viele Möglichkeiten haben, gut zu essen, bleibt in dieser Diskussion nur noch das Frühstück als wichtigste Mahlzeit. Richtig ist aber: Ob Sie frühstücken oder nicht, ist für eine gesunde – und nicht dick machende – Ernährung gar nicht so entscheidend. Viel wichtiger ist, dass Sie für Ihre Mahlzeiten einen gleichbleibenden Rhythmus entwickeln. Wenn Sie regelmäßig zu den gleichen Zeiten etwas essen, tut Ihnen das gut.

◆

„Ob Sie frühstücken oder nicht, ist für eine gesunde Ernährung gar nicht so entscheidend."

◆

Dann haben sich Generationen umsonst mit einem schlechten Gewissen gequält, wenn sie morgens ohne zu essen schnell aus dem Haus sind?

(Sie lacht) Ja, aber man sollte trotzdem darüber nachdenken, ob es nicht wert- und sinnvoll ist, morgens Zeit ins Frühstück zu investieren. Das Frühstück ist auch eine Art Morgenritual. Es gibt viele Menschen, die müssen nach dem Aufstehen erst mal ankommen im Tag – sich sammeln, zu sich kommen, nicht in Hektik ausbrechen. Aber natürlich gibt es wiederum Menschen, die das nicht brauchen, die einfach vom Bett ins Auto fallen.

Werktags, wenn die Kinder zur Schule müssen und Erwachsene zur Arbeit, bleibt morgens kaum Zeit zum Innehalten.

Hm, klar in unserem Alltag ist die Zeit generell knapp bemessen. Ich glaube jedoch, dass es auch eine Frage des Prioritätensetzens ist. Sie müssten abends eher ins Bett gehen, damit Sie Ihren nötigen Schlaf bekommen. Wenn Sie Zeit für ein Frühstück haben wollen – um so ohne Hektik in den Tag zu starten –, finden Sie die auch.

◆

„Mahlzeiten haben eine ganz wichtige Aufgabe: Sie reduzieren Stress! Man macht eine Pause und schöpft Kraft.“

◆

Das gilt wahrscheinlich für alle Mahlzeiten. Deren Bedeutung aber generell abnimmt. Oder?

Ja, dabei haben Mahlzeiten eine ganz wichtige Aufgabe: Sie reduzieren Stress! Es geht beim Essen nicht nur darum, sich mit Energie zu versorgen, Mahlzeiten haben eine Regenerationsfunktion. Man macht eine Pause und kann Kraft schöpfen. Es geht um den Wechsel von Anspannung und Entspannung, den man in unserem Tagesablauf beobachten kann: Aufstehen, Mahlzeit, Arbeit, Mahlzeit, Arbeit, Mahlzeit, und dann kommt der Abend. Diese Rhythmik aus gegensätzlichen Paaren finden Sie in der Biologie immer wieder: das Ein- und Ausatmen zum Beispiel. Genauso ist das mit An- und Entspannung in unserem Tagesablauf.

Aber wenn ich die ganze Nacht geschlafen habe, brauche ich dann morgens wirklich erst einmal Entspannung?

Manche Menschen sicher nicht, die frühstücken wahrscheinlich auch nicht. Aber sie brauchen unter Umständen Energie. Es ist bei jedem Menschen verschieden, wie viel Energie er nach dem Aufstehen benötigt, wie hungrig er also ist. Doch irgendwann muss er sich mit so viel Energie auffüllen, dass sie ihn über den Vormittag trägt.

Gilt das auch für Kinder?

Kinder haben grundsätzlich weniger Reserven als Erwachsene. Nach der langen Schlafphase haben sie in der Regel Hunger, und dann sollten sie unbedingt frühstücken. Es gibt jedoch auch Kinder, die nicht sofort nach dem Aufstehen Hunger haben, die essen ihr erstes Brot dann halt in der Schule oder im Kindergarten. Solche Körpersignale sollte man nicht einfach übergehen, man sollte nicht dogmatisch sagen: „Du musst aber frühstücken!“

Und Jugendliche?

Jugendliche schlafen häufig so lange wie möglich und frühstücken immer seltener zu Hause. Doch sie wachsen und brauchen im Verhältnis mehr Energie als ein Erwachsener. Sie frühstücken einfach später am Vormittag – wenn der Hunger kommt – und holen sich ein Brötchen am Schulkiosk.

Warum essen wir morgens eigentlich, was wir essen?

Das ist ganz allein kulturell bedingt. Es hängt von der Esskultur ab, in die wir hineinwachsen, und das gilt sowohl gesellschaftlich als auch familiär. Sie essen, was Ihre Eltern Ihnen vorsetzen, und werden das erst mal kaum hinterfragen. Wenn Ihnen Ihre Eltern zum Beispiel immer englischen Porridge zubereitet hätten, wäre das für Sie völlig normal gewesen. Erst wenn man selbst erwachsen ist, hinterfragt man das unter Umständen, oder – und das passiert sehr viel häufiger – man behält diese Esskultur bei. So wird unser Geschmack geprägt. Und Kindern gibt das Sicherheit. Wenn sie wissen, was auf sie zukommt, fühlen sie sich sicher. Das gilt auch fürs Essen. Sie können deshalb oft nur in engen Grenzen variieren. Sie können im Müsli zum Beispiel mal die Obstsorten wechseln, aber wehe, Sie setzen ihnen anstatt Müsli plötzlich ein Schinkenbrot vor …

Ach, das gilt aber nicht nur für die Kinder. Tendenziell essen wir morgens häufiger das Gleiche als bei anderen Mahlzeiten, oder?

Ja, das Frühstück ist sehr viel stärker ritualisiert als andere Mahlzeiten. Es ist ja im Vergleich eine eher kleine Mahlzeit. Und es ist entscheidend: Was kann ich morgens schnell zubereiten? Je länger die Zubereitung dauert, desto seltener wird es morgens auch gemacht.

Ein Full English Breakfast mit acht Zutaten, die einzeln zubereitet werden müssen, wäre also schwierig …

(Lacht) Unter Ernährungsgesichtspunkten sowieso. Allerdings würde bei so einem Frühstück – mit viel Fleisch, Bohnen, Ei – die Energiezufuhr länger anhalten. Wie lange Sie Energie aus einer Mahlzeit ziehen können, hängt davon ab, wie lange Sie sie verdauen. Haben sie ein Full English Breakfast zum Frühstück, müssen die meisten Menschen bis nachmittags um drei Uhr nichts mehr essen. Aber auch das hängt natürlich wiederum davon ab, welche Arbeit Sie haben. Sitzen Sie am Schreibtisch? Oder arbeiten Sie körperlich? Das Frühstück in Deutschland ist eher ein leichtes und für viele ein süßes, das verdaut sich sehr viel schneller. Da haben Sie nach drei, vier Stunden wieder Hunger.

Und dann gibt es um 12 oder 13 Uhr wieder Mittagessen,
aber das ist in anderen Ländern genauso. Gibt es etwas, dass
die Frühstückskulturen weltweit außerdem verbindet?

Kohlenhydrate! Die meisten Menschen frühstücken kohlenhydratreich: Reis in Asien, Hirse und Maniok in Afrika, Weizenbrot in Europa. Die Frage ist immer: Wie lange muss es vorhalten? Und je länger es vorhalten muss, desto besser sind die Kohlenhydrate, die aufgenommen werden. Und außerdem verbindet die meisten natürlich die Mahlzeiten-Kultur.

Stimmt das denn noch? Wenn man sich den Arbeitstag vieler
Berufstätiger in Deutschland anschaut, scheint doch die ein oder
andere Mahlzeit am Tag auszufallen.

Ja, und es gibt sogar Bestrebungen aus dem Tech-Bereich, die Mahlzeiten ganz abzuschaffen. Anstatt Zeit mit Essen zu verplempern, so die Argumentation, nehme man lieber Trinknahrung zu sich. Ich persönlich glaube aber, die Mahlzeit wird es immer geben. Wir sind auf diese Pausen angewiesen. Und es ist auch erwiesen, dass wir das Sinnliche der Nahrung brauchen – ihre Aromen, Texturen und die Konsistenz. Zu schmecken und zu fühlen: Das macht uns glücklich, nicht nur die Sättigung!

Und wenn es wieder schnell gehen muss: Was empfehlen Sie
zum Frühstück, das einfach zuzubereiten ist und obendrein noch
lecker und gesund?

Zuallererst sollte ein Getränk nicht fehlen. Wer es herzhaft mag, kann dazu ein Vollkornbrot mit Belag essen – zum Beispiel mit Streichkäse und noch ein bisschen Gemüse oder Obst. Oder, was wir zu Hause oft essen: Haferflocken, Joghurt und Obst. Das ist schnell zu machen – und zu essen. ◆

DR. GESA SCHÖNBERGER

geboren 1968, ist seit 2005 Geschäftsführerin der Dr. Rainer Wild-Stiftung für gesunde Ernährung und beschäftigt sich mit der Esskultur der Deutschen. Die Ökotrophologin ist außerdem im Beirat des Berufsverbandes Oecotrophologie und war bis Ende 2014 Geschäftsführender Vorstand des Internationalen Arbeitskreises für Kulturforschung des Essens.

FRÜHSTÜCKSTIPPS

◆

DAS VOLLKORNBROT PLUS!

*Deutschland ist Brotland. Vollkornbrot sättigt länger und ist nährstoff-
reicher als Weißbrot. Und was geht schneller, als eine Scheibe Brot
zu schneiden, es vielleicht noch zu toasten und dann zu belegen?
Richtig, nichts! Wie wäre es also mit einem Vollkornbrot mit …*

◆ Frischkäse und Schnittlauch oder Radieschen oder Tomaten
oder Paprika oder – ach, einfach alles, was Sie mögen

◆ Erdnussbutter und Apfelschnitzen

◆ Honig und Bananenscheiben

◆ Quark, Honig und Blaubeeren

◆ Frischkäse, Räucherlachs, fein geschnittenen Gurkenscheiben,
gehackten Tomaten und Zwiebeln, etwas Zitronensaft und Schnittlauch darüber

◆ geräuchertem Schinken, Camembert, Feigen und Orangensenfkonfitüre

◆ Käse und Marmelade – der deutsche Klassiker

ODER VIELLEICHT DOCH ETWAS AUS DER SCHÜSSEL ODER DEM GLAS?

◆ **PORRIDGE**
In der Schnellversion dauert die Zubereitung keine zehn Minuten.
Rezept siehe Seite 86.

◆ **MÜSLI**
Ob selbst gemachtes Müsli aus dem Vorratsglas oder aus der Tüte,
einfach Milch oder Joghurt dazu, mit Obst oder Trockenfrüchten
verfeinern, fertig ist das Frühstück.

◆ **SMOOTHIE**
Wer nicht so viel kauen mag, mixt verschiedene Früchte und Beeren in
der Küchenmaschine. Mischen Sie noch Samen wie Hanfsamen oder
Chiasamen oder Nüsse unter, wird daraus eine sättigende Mahlzeit.

Cidre und das Gelbe vom Ei

Die Franko-Kanadierin LEILA KRISTIANSEN *liebt den Apfelschaumwein der Normandie und hat in Berlin mit ihrem Bruder Sidney die Bar „Comptoir du Cidre" eröffnet. Selbst zu pochierten Eiern darf das französische Getränk bei ihnen nicht fehlen*

E r kitzelt säuerlich herb, aber dennoch fruchtig auf der Zunge und hinterlässt dort einen feinen Nachgeschmack. Mal karamellig-leicht, mal trockener. Cidre ist in der Normandie der größte gemeinsame Nenner in Sachen Kaltgetränke. Er passt einfach immer. Auch in dem Sommer, in dem Leila Kristiansen ihren Bruder Sidney in Frankreichs Norden besuchte: Cidre gab es jeden Tag. Ein glücklicher Zufall, denn das franko-kanadische Geschwisterpaar war gerade auf der Suche nach einer Idee für ein gemeinsames Food-Projekt in Leilas Wahlheimat Berlin – und fand sie in der Normandie: Nur wenig später, im Spätsommer 2014, eröffneten die beiden „Comptoir du Cidre". In der Bar steht der französische Apfelschaumwein nicht nur als Getränk auf der Karte, er verfeinert auch kleine Speisen. Zum Beispiel die Béchamelsoße, die Leila zu ihrem Lieblingsfrühstück mit pochierten Eiern, Bacon und Pilzen serviert.

„Der französische Cidre ist mehr wie Bier als die Cidres aus anderen Ländern", erklärt Leila. Im Geschwister-Team Kristiansen ist sie für die kulinarischen Genüsse zuständig. Und das, obwohl sie eigentlich etwas ganz anderes studiert hat: Modedesign. Doch in dem Beruf hat sie nicht lange gearbeitet, die Liebe zum Essen war größer. Sie kündigte und wurde Köchin. „Ich denke einfach ständig über Essen nach", sagt sie. Viel gekocht hat sie zwar schon immer, zum Beispiel als Nebenjob während des Studiums, eine klassische Ausbildung hat sie jedoch nicht. „Ich habe mir viel

◆

*Leila Kristiansen ist Cidre- und Frankreich-Fan. Doch Frühstück ist dort nicht so wichtig.
„Für uns Franko-Kanadier ist es aber die wichtigste Mahlzeit des Tages.“*

◆

angelesen und in den Küchen, in denen ich gearbeitet habe, immer etwas Neues dazugelernt." Zum Beispiel an ihrem letzten Arbeitsplatz, einer spanischen Tapasbar in Montreal. Die Basis ihrer eigenen Küche ist jedoch stets französisch. „Das ist die perfekte Balance zwischen Präzision und Emotion", sagt sie. Sobald man die Techniken beherrsche, könne man nach Belieben experimentieren. Eben das liebt Leila am Kochen besonders. Ihre aktuelle Obsession: ihre französische Landküche mit asiatischen Elementen zu kombinieren.

Beim Frühstück mag Leila es traditioneller. „In Frankreich ist das Frühstück nicht so wichtig. Für Franko-Kanadier ist es die wichtigste Mahlzeit des Tages", erklärt sie, während sie kräftig in einem kleinen Topf mit hell-

Cidre überall: Der
französische Apfelwein
schmeckt herb und
passt zu vielen Speisen.
Besonders gut zu
pochierten Eiern

◆

Leila Kristiansen hat Modedesign studiert.
Doch die Liebe zum Essen und Kochen war größer.

◆

◆

Pilze, frischer Toast mit Butter, etwas Bacon – und das Beste:
„der Moment, wenn man die Eier durchschneidet und das
flüssige Gelb herausfließt …"

◆

brauner dickflüssiger Soße rührt. Leilas Frühstücksrezept ist genauso herzhaft, wie es ihre Landsleute lieben. Doch bei ihr kommt natürlich noch der Cidre zu der schon erwähnten Cidre-Béchamel-Soße. Die muss fast zwei Stunden einkochen, damit sie die perfekte Konsistenz erhält. Die übrigen Bestandteile des Gerichts – pochierte Eier, in Ahornsirup geräucherter Bacon, Champignons und gebutterter Toast – sind Leibspeisen von Leila. „Ich bin verrückt nach Pilzen", schwärmt sie. Einen Moment später: „Frischer Toast mit Butter – das ist einer der besten Gerüche überhaupt." Dann: „Das Beste an pochierten Eiern ist der Moment, wenn man sie durchschneidet und das flüssige Gelb herausfließt." Damit das perfekt gelingt, schlägt sie die Eier zunächst vorsichtig einzeln in je eine Porzellanschale auf und lässt sie dann ins kochende Wasser gleiten. Fürs Frühstück muss man sich Zeit nehmen, findet sie. Und wenn die fehlt? „Kaffee. Schwarzer Kaffee", sagt sie und nimmt wie zur Bestätigung einen Schluck aus ihrer Tasse. ◆ *(bs)*

POCHIERTE EIER

mit Cidre-Soße à la Forestière (Œufs au Cidre)

für 4 Personen

Cidre, Brühe, Karotten, Zwiebeln und das Kräutersträußchen in einen Topf geben, zum Kochen bringen
und bei schwacher Hitze köcheln lassen, bis sich der
Cidre und die Brühe um die Hälfte reduziert haben
(etwa eine Stunde). Abseihen. Butter in einem Topf
schmelzen, Mehl einrühren und 30 Sekunden kochen
lassen, unter Rühren die Cidre-Brühe hinzugeben.
Mit Salz und Pfeffer würzen. Zum Kochen bringen,
herunterschalten und 20 Minuten köcheln lassen.
Falls die Soße zu dick werden sollte, etwas Cidre oder
Brühe hinzugeben.

Währenddessen Wasser in einen Topf füllen, pro Liter
1 EL Essig hinzugeben und das Wasser zum Kochen
bringen, dann herunterschalten, sodass das Wasser
kaum noch kocht. Den Bacon bis zur gewünschten Gar-
stufe anbraten und warmhalten. Die Pilze im Bacon-
Fett anbraten, mit Salz und Pfeffer und der Hälfte der
Kräuter würzen. Während die Pilze sautieren, ein Ei
in eine Schale aufschlagen, das Wasser im Topf
sanft umrühren und das Ei in den Topf gleiten lassen,
mit den übrigen Eiern wiederholen. (Nicht zu viele
Eier auf einmal in den Topf geben, eventuell in zwei
Durchgängen kochen.) Eier 3 bis 4 Minuten lang
garen. Nur das Weiße und nicht das Gelbe sollte fest
sein. Mit einem Schaumlöffel aus dem Wasser holen.

Anrichten: Brot toasten. Crème fraîche in die Soße
einrühren, abschmecken. Einen Löffel Soße auf einen
Teller geben, darauf die pochierten Eier legen, ein
wenig mehr Soße über die Eier geben, Kräuter hinzufügen. Bacon, Pilze und den Toast daneben anrichten.

ZUTATEN

500 ml trockener Cidre
500 ml Hühnerbrühe
1 Zwiebel, fein geschnitten
1 Karotte, fein geschnitten
1 Kräutersträußchen
(Lauch, Thymian, Lorbeer-
blatt, Petersilie)
75 g Butter
35 g Mehl
2 TL Crème fraîche
Salz und weißer Pfeffer
2 TL gehackte Kräuter
(Estragon, Dill, Kerbel)

300 g Champignons
12 Scheiben Bacon
8 Eier
4 Scheiben Toast
Essig

TIPP

→ Der „So-klappt-das Pochieren-garantiert-immer-Trick": Die Eier bevor
man sie aufschlägt mit der Schale zehn Sekunden ins Kochwasser
setzen und nach dem Aufschlagen sofort wieder ins Wasser gleiten
lassen. Das Eiweiß ist dann angewärmt und verflüchtigt sich nicht in
alle Richtungen.

Frühstück?
No grazie!

Der Südtiroler – und Italiener – LENZ KOPPELSTÄTTER *lebt seit Jahren in Berlin und wundert sich, warum die Deutschen das mit dem Kaffeetrinken einfach nicht verstehen. Und dann sind da auch noch all die Missionare, die ihn zum Frühstücken überreden wollen*

◆

Ich bin morgens nicht hungrig. Ich kann mir nicht vorstellen, dass andere es sind, aber bitte – jeder, wie er will. Ich will nicht. Ich gehe morgens lieber ein bisschen spazieren.

◆

Ich frühstücke nicht. Ich will morgens nichts essen. Ich will nur wach werden, ins Bad gehen, mich anziehen, rausgehen. Sonst nichts. Aber nicht zu frühstücken, das ist gar nicht so einfach. Alle wollen, dass man frühstückt. Alle machen einem ein schlechtes Gewissen: Mütter wollen es. Ärzte sagen es einem andauernd. Nicht nur in der „Brigitte" steht es ständig. Auch in der „Men's Health". Gäste schauen einen entsetzt und ungläubig an, wenn man ihnen sagt, dass man, nein, nichts zum Frühstücken zu Hause habe. Lange habe ich es versucht – aber es geht nicht. Manchmal versuche ich es auch heute noch. Dann kaufe ich Milch und Cornflakes, würge das zwei, drei Tage lang runter – und vergesse es wieder. Verdränge es. Die Milch vergammelt im Kühlschrank, die Cornflakes werden labberig.

Ich bin morgens nicht hungrig. Ich kann mir nicht vorstellen, dass andere es sind, aber bitte – jeder, wie er will. Ich will nicht. Ich gehe morgens lieber ein bisschen spazieren. Ich spaziere die Straße hoch, ein Stück den Kanal entlang, bis zu Paolos „Bar Bianco". Wenn ich da ankomme, hat Paolo meistens noch nicht einmal richtig aufgemacht. Die Rollos sind erst einen Spaltbreit geöffnet, dahinter scheint ein warmes Licht. Die Zeitungen sind noch nicht ausgepackt. Ich helfe Paolo, die Tische nach draußen zu tragen, dann macht er mir einen Espresso.

Ich glaube, dieser Spaziergang zu Paolos „Bar Bianco" und dieser Espresso, das ist mein Frühstück. Der Mensch braucht etwas gleich nach dem Aufwachen, auf das er sich freuen kann. Es muss etwas zwischen dem Aufwachen und dem Zur-Arbeit-Gehen geben. Ein Ritual, das ihm einen Grund gibt

81

aufzustehen. Jeder Tag muss mit einem Ritual beginnen, der Mensch braucht Struktur, an der er festhalten kann. Sonst wird man ja verrückt. Mein Espressotrinken ist mein Morgenritual. Wenn der einzige Grund aufzustehen das Zur-Arbeit-Gehen wäre, würden wir alle liegen bleiben. Man stelle sich das mal vor, der Tag beginnt, die Wecker klingeln und keiner steht auf. Nirgends. Auch schön, irgendwie.

Ich lebe in Berlin, aber eigentlich komme ich aus Südtirol. Dort kann man sich das ein bisschen aussuchen, welche Frühstücksmentalität man pflegen will: italienisch mit Espresso und Cornetto oder die deutsche Variante mit Brot, Butter, Erdbeermarmelade, Aprikosenmarmelade, Kirschmarmelade, Honig, Streichwurst, Streichkäse, Scheibenkäse, Milch, Joghurt, Cornflakes, Filterkaffee und tausend Teesorten.

◆

Wahrscheinlich meint es der Typ hinter der Bar gut mit mir. So wenig Kaffee für zwei Euro, dann mache ich ihm zumindest die Tasse bis oben hin voll. Es ist ein Graus.

◆

Mein Vater pflegt das deutsche Frühstück. Er kann morgens alles essen. Auch die aufgewärmten Knödel vom Abend zuvor. Meine Mutter pflegt das italienische. Wenn sie nicht bis spätestens um elf Uhr vormittags ihren Espresso getrunken hat, dann ist sie den ganzen Tag nicht mehr ansprechbar. Meine Mutter kennt in fast jedem Südtiroler Dorf die Bar, in der der Kaffee am besten schmeckt. In meinem Heimatdorf weiß sie sogar, welche Bar welche Kaffeebohnen benutzt. Meine Mutter fährt manchmal auf die Autobahn rauf, nur um an der Raststätte ihren Kaffee zu trinken. Da schmeckt er am besten, sagt sie, weil die Maschine rund um die Uhr läuft. Rein in die Raststätte, schnell einen Espresso im Stehen, weiterfahren.

Zwei Schluck Kaffee im Stehen – das verstehen die Berliner nicht. Sie wollen sich hinsetzen, mindestens eine Stunde sitzen, dazu trinken sie einen „Latte Matschiatto", einen Chai Latte oder einen Cappuccino mit Schaum, alles wahlweise mit Sojamilch oder koffeinfrei. Für mich ist das alles nichts, und das macht das Leben hier nicht einfacher. Wenn ich in Berlin einen Espresso bestelle, dann kostet der mich zwei Euro, die schwarze Brühe ist lauwarm, dafür ist die Tasse bis oben hin gefüllt. Wahrscheinlich meint es der Typ hinter der Bar gut mit mir. So wenig Kaffee für zwei Euro, dann mache ich ihm zumindest die Tasse bis oben hin voll. Es ist ein Graus.

Wenn die Berliner Kaffee trinken wollen (und ich gehe davon aus, dass es im Rest Deutschlands nicht anders ist), dann lange und viel. Es gibt Berliner, die bringen ihren Kaffee morgens in einer Thermoskanne mit zur Arbeit und trinken ihn dann tagsüber. Sie trinken mehr Kaffee, als ich Wasser trinke. Es gibt Berliner, die setzen sich einen ganzen Tag lang ins Café, bestellen einen Cappuccino und arbeiten acht Stunden lang mit ihren

Zwei Schluck Kaffee im
Stehen – der Espresso ist
italienisches Gastrokultur-
gut und Hochgenuss

Morgens bin ich bei Paolo. Trinke meinen Espresso. Ich stehe am Fenster
und schaue auf die Straße. Ich bin nun wach. Aber nicht wegen des Espresso.

Notebooks an ihren sogenannten Projekten. Einfach schnell irgendwo einen Kaffee trinken, das geht hier nicht. Es gibt hier zwar überall Kaffee, aber fast nirgends schmeckt er mir – außer bei Paolo. Da schmeckt er genauso gut wie der auf der Autostrada del Sole.

Es war ein großes Glück, dass ich vor ein paar Jahren in die Nähe seiner Bar gezogen bin. Berlin ist keine traditionelle Italiener-Stadt wie München, Stuttgart oder Frankfurt am Main. Als ich vor zehn Jahren einmal in Prenzlauer Berg zum Italiener gehen wollte – italienische Fahne im Fenster, Padre Pio eingerahmt über der Theke –, da sprach ich den Wirt auf Italienisch an. „Nix Italienisch. Kannst ruhig Deutsch mit mir reden", sagte er. Er war Türke, macht aber lieber einen auf Italiener. Türkische Lokale gibt es schon so viele, erklärte er. Ich esse gern türkisch. Ich frühstücke sogar gerne türkisch – aber erst mittags. Morgens bin ich ja, wie gesagt, bei Paolo. Trinke meinen Espresso. Verzichte auf das Cornetto – obwohl, das muss auch gesagt sein, Paolos Cornetti wunderbar schmecken.

Die „Bar Bianco" ist, daher der Name, ganz in Weiß eingerichtet. In den kleinen weißen Regalen stehen Produkte aus Italien: Nudeln, Tomatendosen, Öl und Wein. Im Kühlschrank stehen italienische Limonaden, Birra Moretti und Campari-Fläschchen. Ich blättere ein bisschen in den Zeitungen, in der „Süddeutschen", in der „B.Z.", in „La Repubblica" und – natürlich – in der „Gazzetta dello Sport". Paolo ärgert sich, dass der Schiedsrichter schon wieder einen Elfer gegen Neapel gegeben hat, ich sehe, dass meine Inter schon wieder nur im Tabellenmittelfeld steht – und gemeinsam schimpfen wir auf die Juve. Im Radio wünscht sich Vasco Rossi „una vita spericolata", ein waghalsiges Leben, herbei.

Ich stehe da am Fenster. Es ist ein Fenster wie auf einem Ölgemälde. Ein bildhaft schönes, wandgroßes Espressobar-Fenster. Ich stehe da und schaue auf die Straße hinaus. Draußen erwacht die Stadt. Ich bin nun auch wach. Es ist gar nicht der Espresso, der mich wach gemacht hat. Es war der Spaziergang am Kanal entlang. Wer Espresso zum Wachwerden trinkt, der hat nichts verstanden. Wer nur wach werden will, soll Red Bull trinken. Der Espresso ist für den Genuss. Ein kurzer, heißer Schluck. Dann ist alles gut. Dann kann es losgehen, die waghalsige Welt auf einen hereinbrechen. ◆

Lenz Koppelstätter

Jahrgang 1982, stammt aus Südtirol, lebt in Berlin und arbeitet dort als freier Journalist und Schriftsteller.

Mit Essen
spielt man nicht

Spielt man doch! Die Norwegerin IDA SKIVENES *tut es jeden Tag
und teilt das Ergebnis mit 300 000 Followern auf instagram.
Von einer Erfolgsstory in der virtuellen Welt, kunterbunter Frühstücks-
kunst und braunem Käse*

Ida Skivenes legt den Kopf schief und kräuselt die Lippen. Sie steht vor
dem offenen Fenster ihrer Erdgeschosswohnung in einem Berliner Hinterhof und blickt auf eine kleine blaue Schüssel. Ein Löwe blickt zurück.
Mit Augen und Maul aus Rosinen, einer Mähne aus Apfelspalten und einem
Fell zart wie Haferbrei. „Ich bin noch nicht sicher, ob ich damit zufrieden
bin", murmelt sie und zupft am Rosinenmaul des Löwen. „Es sieht etwas
zu hausgemacht aus." Die Norwegerin lacht und drückt den Schalter des
Toasters herunter. Sie sei nun mal Perfektionistin, sagt Skivenes. Ja, das
kann man sich vorstellen – schließlich hat sie jahrelang im Norwegischen
Statistikamt gearbeitet. Doch jetzt ist sie Künstlerin. Food-Künstlerin.

Ida Skivenes hatte in der Schulzeit einen Spitznamen: Ida Frosk. An den hat
sie sich erinnert, als sie im Juni 2012 begann mit ihrem Frühstück zu spielen. Sie hat einen Bär und einen Fuchs aus einem Toast geformt und unter
ihrem Spitznamen in das soziale Fotonetzwerk „instagram" eingestellt.
„Und ich habe unglaublich viel positive Kommentare bekommen", erinnert
sie sich. Also machte sie weiter als Ida Frosk. Sie bastelte immer ausgefeil-
tere Motive aus Brot und Käse, Haferbrei und Früchten, aus Gemüse oder
Joghurt. Heute folgen ihr bei instagram fast 300 000 Menschen.

Plopp. Der Toast ist fertig. Ida Skivenes kann mit der Arbeit am nächsten
Bild beginnen: dem Rathaus von Oslo in Käse und Toast. „Brot ist eines
unserer wichtigsten Lebensmittel in Norwegen", erzählt sie, „das essen wir
eigentlich zu jeder Mahlzeit und natürlich auch zum Frühstück." Brot,
Müsli oder Haferbrei, manchmal Ei – das wäre typisch in ihrer Heimat. Ida
Skivenes legt eine Scheibe des krossen Brots auf einen weißen Teller. Sie
nimmt ein Schälmesser und trennt die Kruste vom Brot ab. Dann schneidet
sie in der Mitte der Oberkante ein Rechteck aus: Das Brot hat nun zwei
Türme. Einen links, einen rechts.

Für Skivenes ist diese Bastelei nicht mehr nur Selbstverwirklichung. Sie
frühstückt heute für Geld, könnte man sagen. Die Selfmade-Illustratorin
arbeitet für Nahrungsmittelhersteller, Magazine, Modehäuser, Fluglinien.

◆

Ida Skivenes ist Künstlerin. Food-Künstlerin. Ihr Werkzeug:
Löffel und Messer, Brot und Käse, Haferbrei und Früchte.

◆

Einzige Voraussetzung: Sie muss das, was ihre Auftraggeber bestellen, hinterher essen können, denn weggeworfen wird nichts. Bei ihr gibt es kein Fleisch und keine Süßigkeiten. Inzwischen hat sie schon das Brandenburger Tor gegessen, Edvard Munchs Gemälde „Der Schrei" und auch den Weihnachtsmann – samt Rentier, versteht sich.

Auf dem Teller vor dem offenen Fenster werden die Zutaten jetzt langsam zum Food-Kunstwerk. Ida Skivenes packt aus vielen Schichten Klarsichtfolie einen Block aus, der aussieht wie ein großes Stück Karamell. Sie lacht: „Stimmt, und er schmeckt auch ein bisschen so. Das ist brauner Käse – eine norwegische Delikatesse." Mit einem Käseschneider schält sie Scheiben vom Käse. Er wellt sich, Skivenes ist unzufrieden. So sollte das nun wirklich nicht aussehen. In Norwegen würde sich der Käse nicht so verziehen. Aber sie hat hier keine andere Sorte, also legt sie ihn doch auf den Toast mit Türmen. Eine große Scheibe unten, zwei kleine auf die Turmspitzen. „In Oslo nennen sie das Rathaus auch ‚Braunen Käse', da hatte ich die Idee, es damit zu gestalten."

Im Hinterhof klappert es. Ein Nachbar läuft am Fenster vorbei. Ida nickt ihm zu. „Ich glaube, die Nachbarn hier halten mich schon für verrückt, weil ich manchmal den ganzen Tag am offenen Fenster stehe und verrückte Sachen fotografiere." ◆

IDAS LIEBER PORRIDGE-LÖWE
für 4 Personen

ZUERST DEN PORRIDGE KOCHEN ...
Milch mit Salz aufkochen. Haferflocken zugeben, aufkochen und unter gelegentlichem Rühren circa 2 bis 3 Minuten köcheln lassen. Vom Herd nehmen und zugedeckt 5 Minuten nachquellen lassen. Wer mag, kann etwas Zimt und auch braunen Zucker unterrühren.

... UND DANN DEN LÖWEN BASTELN
Porridge in eine flache Schüssel füllen. Einen roten Apfel in dünne Spalten schneiden und am Rand rundherum als Mähne verteilen. Ein Dreieck für die Nase übrig lassen. Für Schnauze und Augen Rosinen hereindrücken. Für die Schnauze können Sie die Rosinen auch noch mal in Streifen schneiden, dann gelingt die Form besser.

ZUTATEN

350 ml Milch
1 Prise Salz
80 g Haferflocken
evtl. Zimt und brauner
Zucker

DAS GROSSE RESTEESSEN
Mit Essen zu spielen heißt nicht, dass man Lebensmittel vergeuden darf. Denn natürlich bleiben Reste, wenn man aus Lebensmitteln Bilder formt. Was man damit machen kann? Das hier zum Beispiel:

→ Beim Basteln naschen (macht genauso viel Spaß wie das Basteln selbst)

→ Einen Obstsalat oder Gemüseeintopf

→ Als Pausensnack einpacken

→ Für den nächsten Tag aufbewahren

◆

In Großbritannien ist das
Full English Breakfast ein Nationalgericht.
Und ein perfektes Katerfrühstück.

◆

Voll fett!

An dieser Stelle sei eine Warnung vorausgeschickt:
Es folgt die Anleitung für den Schreck deutscher Touristen –
das FULL ENGLISH BREAKFAST

Die Küche der „Kantine Neun" in der „Markthalle Neun" ist nicht besonders groß. Florian Mohr, der Betreiber des Restaurants, lehnt an der Spüle, während sich Tim Pink an ihm vorbei vom Herd zum Ofen drängelt – mit einer dampfenden Pfanne in der Hand.

Mohr bietet in seinem Imbiss-Restaurant gehobene Volksküche an. Pink verkauft an seinem Stand in der Markthalle Pestos und Chutneys. Er ist gebürtiger Brite und hat Mohr immer vom Full English Breakfast vorgeschwärmt, heute zeigt er ihm, wie er das Frühstück zubereitet – genau, das Frühstück, vor dem deutsche Touristen in Hotels weltweit Reißaus nehmen. Zu Unrecht, wie wir gleich herausfinden werden.

Pink öffnet den Ofen. Dort brutzeln schon Würstchen in einer Fettpfanne. Er legt Speckstreifen dazu. Dann läuft er zurück zum Herd und brät in einer Pfanne Black Pudding – zu Deutsch: Blutwurst. „Ich brauche eine halbe Stunde, um alles zuzubereiten", sagt Pink, der in mehr als 30 Ländern gelebt, Pubs geleitet und Bed & Breakfasts geführt hat. „Da habe ich meinen Gästen auch immer Full English Breakfast gemacht. Für die Europäer ist das der Horror." Florian Mohr lacht und nickt: „Aber es ist bestimmt ein gutes Katerfrühstück."

Nicht für die Briten! In Großbritannien ist das Full Breakfast ein Nationalgericht, über dessen perfekte Zusammensetzung leidenschaftlich debattiert wird und die regional ganz unterschiedlich sein kann. „In Schottland ist natürlich die Innereienspezialität Haggis dabei. Und in Irland isst man es auch wieder ein bisschen anders, zum Beispiel mit Haferflockenpudding", sagt Pink. Für ihn – den Engländer – gehören genau acht Dinge zu einem klassischen Full English Breakfast: Würstchen, Speck, Bohnen, Spiegeleier, Black Pudding, Tomaten, Pilze und Toast. „Das Wichtigste ist, dass du möglichst alles im gleichen Fett brätst, so wird es unglaublich herzhaft. Probier mal", sagt Pink zu Mohr. Der nickt. Keine gehobene Küche, aber gute Hausmannskost. „Das ist lecker", staunt Mohr, „auch ohne Kater." ◆

FULL ENGLISH BREAKFAST
für 1 Person

ZUTATEN
pro Person

2–3 Speckstreifen
2 frische Eier
2 englische Bratwürste
(ersatzweise Rostbrat-
würste)
2 flache Pilze (große
Champignons ohne Stiel)
gebackene Bohnen
(Menge nach Belieben)
1 reife Tomate, halbiert
1 dicke Scheibe Blutwurst
(besser original englischer
Black Pudding)
1 Scheibe Toastbrot
(am besten Weißbrot)

Außerdem
Butter
neutrales Öl
(zum Beispiel Rapsöl)
Pfeffer
Brown Sauce
schwarzer Tee

Wenn Sie mögen
Pommes

UND SO WIRD'S GEMACHT

*Sie können alles in einer einzigen Bratpfanne zuberei-
ten. Falls Sie das Frühstück jedoch für mehrere
machen, ist die Bratpfanne schnell zu klein. Nehmen
Sie dann lieber den Ofen, wie in diesem Rezept:*

*Ofen auf 200 Grad vorheizen, wenn die Temperatur
erreicht ist, auf 180 Grad runterdrehen.*

*Die Würstchen erst kochen, dann auf ein tiefes Back-
blech oder in eine ofenfeste Form legen. Im Ofen für 15
bis 20 Minuten mit ein klein wenig Fett weiterschmur-
geln lassen. Gelegentlich wenden, bis sie eine goldene
Farbe haben. Nach 10 Minuten damit beginnen, die
anderen Zutaten zu schmoren, nämlich den Speck: Die
Speckschwarte des Bacons an einigen Stellen einschnei-
den. Das verhindert, dass sich der Bacon beim Backen
wellt. Bacon zu den Würstchen in den Ofen legen.*

*Pilze putzen und in einem Topf in Wasser und Butter
für 15 Minuten kochen, danach ebenfalls in den Ofen
geben.*

*Tomaten halbieren, mit ein bisschen Pfeffer bestreuen
und gleichfalls in den Ofen legen. Für 5 Minuten
backen, bis sie weich sind, aber ihre Form behalten.*

*Die Haut der Blutwurst entfernen und die Wurst in
1 Zentimeter dicke Scheiben schneiden. In einer Bratpfanne mit etwas Öl (zum Beispiel Rapsöl) und einer
Flocke Butter auf jeder Seite circa 2 Minuten anbraten, bis die Scheiben leicht knusprig sind.*

Fehlt noch das Brot. Auch das wird angebraten.
Damit das gut klappt, hierfür ausnahmsweise doch
eine Extra-Pfanne nehmen. Idealerweise verwenden
Sie Brot, das schon ein paar Tage alt ist. Nehmen
Sie etwas Fett aus der Form im Ofen, und bedecken
Sie damit den Pfannenboden. Bei mittlerer Hitze Brot
in die Pfanne geben und auf jeder Seite für 2 bis
3 Minuten braten, bis es kross und golden ist.

Halt! Es fehlt noch etwas: die Spiegeleier. Braten Sie
sie in einer Pfanne, oder geben Sie sie zu den anderen
Zutaten in den Ofen.

Alles auf einer Platte anrichten und mit Brown Sauce
servieren.

Sie können dazu noch Pommes servieren, falls das
Frühstück noch etwas reichhaltiger werden soll.

Oh, und nicht vergessen: Trinken Sie dazu eine Tasse
schwarzen Tee – enjoy!

Und sonst so?

Gibt es noch mehr Frühstückstraditionen in Europa?
Natürlich! Ein kleiner Überblick von den Niederlanden
bis nach Rumänien

EIN ÜBERBLICK

94

NIEDERLANDE

Koffietafel — Die Niederländer frühstücken zweimal, einen kleinen Snack frühmorgens und einem größeren zur Mittagszeit: mit Schokostreuseln, Rosinenbrötchen, Pannekoeken (Pfannkuchen), Waffeln, Zwieback, Honigkuchen, Käse und süßen Aufstrichen.

◆

SPANIEN

Sparsam — Churros (eine Art länglicher, in Fett ausgebackener Krapfen) – auch gern mit Schokolade – oder ein bisschen Brot, Olivenöl, Tomate und Schinken. Die Spanier essen morgens nur eine Kleinigkeit. Das ist in vielen südeuropäischen Ländern nicht anders.

◆

POLEN

Herzhaft — Die polnische Küche ist deftig, das gilt auch für das Frühstück: Brot, Wurst, Käse, Gurken, Tomaten, Zwiebeln – und Twaróg, eine Art schnittfester Quark.

◆

RUMÄNIEN

Laktosereich — „Mamaliga cu lapte" ist ein traditionelles Frühstück in Rumänien: ein fester Brei aus Maisgrieß, der mit Milch übergossen wird.

◆

SCHWEDEN

Sauer — Die Schweden essen morgens zum Beispiel Knäckebrot, Haferbrei, Käse und Fisch. Und natürlich Filmjölk, eine milde, sämige Dickmilch.

◆

SCHWEIZ

Kernig — Das Birchermüsli ist (neben Fondue und Schokolade) der kulinarische Exportschlager der Schweiz: Haferflocken, Äpfel, Nüsse, Zitronensaft und Milch.

Litauische Sommer

Die Genussredakteurin DENISE WACHTER *ist im Allgäu
aufgewachsen, hat einen schwäbischen Vater und eine litauische
Mutter. Und zum Frühstück tischt sie auf wie ihre Verwandten
aus dem Baltikum*

D ie Dias sind schon ein bisschen verblasst. Der Sommer nicht. Frischer
Wind, die helle Sonne des Nordens, ein Mädchen. Ein Mädchen auf
den Treppenstufen vor dem Eingang eines Bauernhauses. Ein Mädchen in
einem Kornfeld. Ein Mädchen auf einem Traktor. Immer lächelnd. Es sind
ja schließlich Sommerferien, und sie besucht die Verwandten in Litauen.

Diese Besuche macht Denise Wachter heute immer noch. Nicht immer in
den Sommerferien, doch einmal im Jahr ist sie da. Bei den Tanten und
Onkeln, Cousinen und Cousins, bei Großmutter und Großvater. „Meine
Mutter stammt aus Litauen. Und sie hat eine sehr große Familie", erklärt
sie und lächelt. Die Vormittagssonne fällt durch die Balkontür ihrer Dach-
geschosswohnung auf ihr Gesicht. Sie schneidet ein Bündel Dill in feine
Streifen. „Ich bin im Allgäu aufgewachsen, das ist die Heimat meines
Vaters. Aber Litauen war bei uns immer präsent. Wenn ich oder meine
Geschwister Geburtstag haben, macht meine Mutter uns zum Beispiel
immer ein litauisches Frühstück."

An diesem Samstagmorgen hat Denise Wachter nicht Geburtstag, sondern
einfach nur Frühstücksbesuch. Ihr Freund Kay sowie die Freundinnen
Anni und Jules hocken am Küchentisch und greifen nach den Eiern. Kol-
lektives Eierpellen für die gefüllten Eier. Und für den Käsesalat natürlich.
Nur für die Pfannkuchen, die gleich in der Pfanne brutzeln werden, müssen
sie nicht gepellt werden – der Teig brauchte zwei rohe Eier. „Du fährst mal
wieder ganz schön auf, Denise", sagt Anni und grinst, „aber diesen Teil
deiner litauischen Seele kenne ich ja schon."

Die Gastgeberin hat inzwischen Käse fein gehobelt, jetzt hackt sie das
Gelbe vom Ei – für den Salat – und testet scheinbar gleichzeitig, ob der
Pfannkuchenteig die richtige Konsistenz hat. Ein Profi in der Küche.
„Nein, gar nicht", protestiert sie. Sie habe nur einfach schon immer gern
gekocht. Schon als Kind. Dass Essen beziehungsweise Genuss heute ihr
Beruf ist, hatte sie nie geplant. Die Hamburgerin arbeitet als Redakteurin
für die Wochenzeitschrift „Stern" im Onlineressort „Genuss" und schreibt

97

Litauen

An diesem Samstagmorgen hat Denise Wachter Frühstücksbesuch.
„Du fährst mal wieder ganz schön auf, Denise!"

über Rezepte, Getränke, Kochbücher oder berühmte Köche. „Ich habe in Leipzig Italienisch und Geografie studiert und währenddessen redaktionelle Praktika gemacht", erzählt sie, „und diese Praktika hatten immer etwas mit Essen zu tun. Das war purer Zufall." Irgendwann hatte sie sich einfach eine Expertise auf dem Gebiet der Food-Themen erworben. Dass ihre Eltern schon in ihrer Kindheit für gutes Essen auf dem Tisch sorgten, ihre Oma die schwäbische Küche zelebrierte und ihre Mutter die litauische, hat dabei aber bestimmt nicht geschadet.

Apropos litauische Küche: Die Eier sind gefüllt, der Käsesalat gemixt, die Pfannkuchen gebacken. Die fleißigen Eierpeller haben Platz genommen, die Gastgeberin auch. „Reichst du mir mal den Käsesalat?", bittet Jules. „Klar, hier", antwortet Denise und erzählt: „In Litauen streicht man ihn übrigens aufs Brot. Allerdings isst man ihn dort auch eher abends. So eine richtige Frühstückskultur wie hier in Deutschland gibt es da irgendwie gar nicht." Mit den Verwandten hätten sie eigentlich nie gefrühstückt. Immer wenn sie in Litauen sind, sitzen nur Denises Eltern, ihre Geschwister und sie morgens am Frühstückstisch. Die litauischen Verwandten trinken lediglich einen Kaffee – und lächeln über die Gäste aus Deutschland, die aber jeden Abend fürstlich bewirtet werden: mit mehreren Gängen und viel Wodka.

Bald fährt Denise wieder hin. Ihre Eltern haben vor Kurzem ein Sommerhaus in Litauen gebaut. Direkt im Wald, ganz in der Nähe eines Sees. Zeit für neue Erinnerungen an litauische Sommer. ◆

GEFÜLLTE EIER MIT SCHINKEN

für 4 Personen

Eier hart kochen (9-Minuten-Ei, siehe Seite 31).
Schinken und Dill klein schneiden. Hart gekochte Eier
halbieren. Eigelbe vorsichtig herauslösen, in einer
Schüssel mit Mayonnaise, Schinken und Dill ver-
mengen. Mischung mit Salz und Pfeffer abschmecken
und in die Eierhälften füllen. Mit frischem Dill
garnieren.

ZUTATEN

8 Eier
4 Scheiben kalt
geräucherter Schinken
2 EL Mayonnaise
2 EL frischer Dill
Salz
Schwarzer Pfeffer

99

TIPP

→ Achten Sie beim Kochen der Eier darauf, dass sie nicht zu frisch sind,
    sondern vielleicht schon knapp eine Woche alt, dann lassen sie sich
    besser pellen, was hässliche Dellen und Kerben im Eiweiß verhindert.

Litauen

LITAUISCHER PFANNKUCHEN
mit Quarkfüllung

für 4 Personen

ZUTATEN

<u>Teig</u>
400 g Mehl
2 Eier
2 EL Zucker
2 EL Öl
4 EL Milch
400 ml kaltes Wasser
1 Prise Salz
Öl für die Pfanne

<u>Quarkfüllung</u>
300 g Quark oder
Sahneschichtkäse
2 EL Vanillezucker
1 EL Zitronensaft

Mehl, Eier, Zucker, Öl, Milch und Salz miteinander vermengen. So viel Wasser dazugeben, dass der Teig eine leicht dickflüssige Konsistenz hat – nicht zu dick und nicht zu dünn ist. Pfannkuchen in einer heißen Pfanne in etwas Öl backen.

Quark oder Sahneschichtkäse mit Zitronensaft und Vanillezucker vermengen. Quarkfüllung auf die fertigen Pfannkuchen streichen, zusammenrollen oder falten.

LITAUISCHER KÄSESALAT

für 4 Personen

Käse fein reiben. Eier hart kochen. Hart gekochte Eier klein schneiden. Mit Käse und Mayonnaise vermengen. Knoblauchzehe fein schneiden und dazugeben. Mit Salz, Pfeffer und frischem Dill abschmecken.

ZUTATEN

150 g Hartkäse
(z. B. Emmentaler oder
Appenzeller)
2 Eier
2 EL Mayonnaise
1 kleine Knoblauchzehe
frischer Dill
Salz
Schwarzer Pfeffer

KAPITEL DREI

102–149

Neuseeland SÜDKOREA USA CHINA BRASILIEN und SIMBABWE

– Good morning – Hello sunshine! – 早晨好 – Bom dia – Morena –

◆

Und plötzlich war sie Koch. „In L. A.", sagt Lauren Lee, „wäre das
niemals passiert. Wenn du in anderen Großstädten einen Fehler machst,
bist du sofort weg vom Fenster. In Berlin nicht."

◆

Fräulein Kimchi und die Tteokguk

LAUREN LEE *kam als angehende Opernsängerin nach Berlin. Heute kocht sie – statt zu singen – die Gerichte ihrer südkoreanischen Heimat. Zum Beispiel eine Neujahrssuppe*

Es riecht nach Zwiebeln, Knoblauch und Algen. Darüber liegt der feine pilzige Geruch des Shiitake. Mit einem feinmaschigen Sieb fischt Lauren Lee diese Zutaten aus der Brühe. „Sie sollen die Suppe nur aromatisieren", sagt sie, US-Amerikanerin mit koreanischen Wurzeln, „viel wichtiger für das Gefühl im Mund sind die Reiskuchen, die ich gleich dazugebe." Diese Taler aus klebendem Reismehl geben der Suppe sogar ihren Namen: Tteokguk – Tteok (ausgesprochen tak) heißen die Kekse, guk (kuk) bedeutet Suppe. „Wir nennen sie aber auch Neujahrssuppe", sagt Lee, „dann essen wir sie nämlich zum Frühstück. Das bringt Glück!"

Heute ist nicht Neujahr. Gutes Essen braucht keinen Anlass. Auch in Korea isst man die Tteokguk nicht mehr ausschließlich am 1. Januar. Sie ist einfach ein gutes Frühstück. Und typische Frühstücksgerichte gibt es in Lees Heimat nicht viele. Der britische Schriftsteller Peter Meanwell hat mal behauptet: „Ob ein Gericht ein Frühstück ist, hängt in Korea allein davon ab, ob man es auch morgens bekommen kann."

Lauren Lee lacht. „Na ja, ganz so ist es ja auch nicht", wehrt sie ab, „es gibt schon ein paar typische Dinge. Aber es stimmt schon, dass bei uns alle Mahlzeiten relativ gleich sind." Reis-Porridge oder Reissuppe, dazu Kimchi oder andere fermentierte Gemüsearten und häufig auch Fisch stehen in Südkorea auf vielen Frühstückstischen. „Und inzwischen oft auch Ei, das ist der westliche Einfluss", erklärt Lee. Wichtig sei aber vor allem, dass das Frühstück warm sei. „Das ist doch auch viel gesünder für den Magen und ein besserer Start in den Tag."

Lauren Lee schneidet ein Stück Rindfleisch und ein Eieromelette in feine Streifen. „Sie bilden zusammen mit den Reiskuchen die Einlage der Tteokguk", sagt sie. Lee lebt schon seit Jahren in Berlin. In der Food-Szene der Hauptstadt kennt sie jeder als Fräulein Kimchi, die Selfmade-Köchin, die die südkoreanische Küche mit süddeutschen Elementen mischt. Geplant war das nicht. Eigentlich wollte sie in Berlin auf der Opernbühne stehen, nicht am Herd. Lee, die in Korea geboren wurde und in Toronto und Chicago aufgewachsen ist, hat in Los Angeles Operngesang studiert. Und nur weil sie einen Berliner Gesangslehrer kennengelernt hat, mit dem sie unbedingt zusammenarbeiten wollte, kam sie nach Deutschland.

Also landete sie im Februar 2006 in der Hauptstadt. Mitten im kalten, grauen Berliner Winter, den so manch alteingesessener Berliner kaum erträgt. „Ich fand gerade das toll! Das Wetter und die Stadt waren so anders als L. A.“, erzählt sie. Und obwohl sie das Singen aus gesundheitlichen Gründen irgendwann aufgeben musste, ist sie geblieben. Sie arbeitete als persönliche Assistentin für Opernsängerinnen, und weil sie die heimische Küche vermisste, kochte sie immer häufiger so, wie sie es als Kind von ihrer Tante gelernt hatte. Sie stellte sich im Dirndl und mit einer Portion Kimchi in den Mauerpark und ließ Wildfremde probieren. Sie reiste um die Welt und zahlte ihre Übernachtungen bei Privatleuten mit einem koreanischen Dinner. Irgendwann gab sie Kochkurse und hatte Stände auf Streetfood-Märkten.

„Und plötzlich war ich ein Koch.“ Sie sagt das so, als ob sie es immer noch nicht glauben könnte, dass aus ihrer Idee Fräulein Kimchi inzwischen eine Marke geworden ist, von der sie leben kann. „Wäre ich in L. A. geblieben, wäre das niemals passiert. Wenn du dort oder auch in anderen Großstädten einen Fehler machst, bist du sofort weg vom Fenster.“ In Berlin dürfe man experimentieren, sich ausprobieren. Lauren Lee hat auch schon Pläne für das nächste Experiment: „Ich eröffne ein eigenes Café in Prenzlauer Berg. Darauf freue ich mich, damit es gut läuft, brauche ich aber auch ein bisschen Glück.“

Glück? Da war doch was. Die Legende sagt, dass man die Tteokguk am Neujahrstag sofort nach dem Aufstehen essen muss. Je mehr Reiskuchen man erwischt, desto mehr Glück hat man im neuen Jahr. Die Brühe kocht. Fräulein Kimchi nimmt eine Tüte und schüttet die Reiskuchen in den Topf. Sie hat es in der Hand – das Glück. ◆

TEATIME
→ Südkorea ist eine Teenation. Zum Durstlöschen gibt es den ganzen Tag lang neben Wasser auch Tee – insbesondere zum Frühstück. Zum Beispiel aus Samen und Korn wie die Sorten „Oksusu cha“ (aus gekochten und gerösteten Maiskörnern) oder „Boricha“ (mit gerösteter Gerste aufgebrüht).

Pilze hacken und in Schüsseln rühren: Wenn man ein guter Koch sein will, müsse man jeden einzelnen Zubereitungsschritt lieben, sagt Lauren Lee und legt los

Koreanischer Pfannkuchen? Nein, nein, eine Eiermasse auf dem Weg zu Eiernudeln

TTEOKGUK

Neujahrssuppe mit Reiskuchen

für 4 Personen

ZUTATEN

1 Pk koreanische
Reiskuchen (Tteo)
1 Handvoll getrocknete
Sardellen
1 Blatt Kombu-Seetang
5 getrocknete Shiitake-
Pilze
1–2 TL Bonito-Pulver
(asiatisches Fisch-Pulver)
200 g Entrecôte oder
Suppenfleisch
5 Zehen Knoblauch
(zerdrückt)
1 Bund Frühlingszwiebeln
geröstete Sesamsamen
3 Eier
Nori-Seetang
Sojasoße
Salz und weißer Pfeffer
Sesamöl (geröstet)

Wenn Sie mögen
Fischsoße (asiatische
Würzsoße aus fermen-
tiertem Fisch)

*Füllen Sie einen großen Topf mit Wasser und fügen
Sie die Shiitake, Kombu und eine Handvoll Sardellen
hinzu. Bringen Sie das Wasser zum Kochen, wenn
es so weit ist, für 30 Minuten auf kleiner Flamme
weiterköcheln lassen.*

*Anschließend Kombu und Sardellen abseihen und die
Brühe wieder zum Kochen bringen. Geben Sie Rindfleisch, Knoblauch und, wenn Sie mögen, 1 Teelöffel
Bonito-Pulver hinzu. Falls die Brühe in dieser Phase
zu sehr einkochen sollte und somit zu stark wird,
können Sie sie mit etwas Wasser strecken.*

*Die Reiskuchen in kaltem Wasser einweichen und
zur Seite stellen.*

*Während die Brühe weiterköchelt, die Frühlingszwie-
beln bis auf einen Stängel in 4 bis 5 Zentimeter lange
Stücke schneiden. Den letzten Stängel kleinhacken.*

*Den Seetang in einer Pfanne rösten und in Streifen
schneiden.*

*2 Eier in 2 Eiweiß und 2 Eigelb trennen. Das Eiweiß
zur Seite stellen. Das dritte Ei komplett zu den
2 Eigelb geben und vermengen.*

Ganz fein: Fleischstreifen
und Eiernudeln kommen
als Einlage in die Tteokguk

1 Esslöffel Sesam in eine große Antihaft-Pfanne
geben und erhitzen. Wenn es heiß ist, die Eimischung
in der Pfanne verteilen, sodass sie einen großen Crêpe
formt. Bevor er ganz gar ist, einmal wenden und den
Herd ausstellen. Abkühlen lassen, einrollen und quer
in dünne Streifen schneiden – Eiernudeln.

Die Brühe mit Sojasoße und Salz abschmecken. Lauren
Lee nimmt normalerweise 1 Esslöffel Sojasoße und
eine Prise Salz. Die Reiskuchen zugeben und die
Brühe wieder zum Kochen bringen. Wenn die Kuchen
oben schwimmen, sind sie fertig. Das flüssige Eiweiß
zufügen und die Suppe mit einem Löffel umrühren,
sodass Fäden entstehen. Die großen Frühlingszwiebel-
stücke in die Suppe geben und mit ein wenig Sesamöl
beträufeln.

Den Herd ausschalten. Das Fleisch aus der Suppe neh-
men und in feine mundgerechte Portionen schneiden.
Würzen Sie das Fleisch mit dem gerösteten Sesamöl,
Sojasoße, Salz, Pfeffer und den klein gehackten Früh-
lingszwiebeln. Anschließend das Fleisch wieder in die
Suppe geben.

Die Suppe in Schüsseln servieren und mit den Eiernudeln, dem gerösteten Nori-Seetang, einer Prise
Pfeffer und Sesamsamen garnieren.

Fertig ist die Neujahrs-
suppe, bei Lauren Lee
kommt dazu natürlich
Kimchi auf den Tisch

Die Pies
aus Down Under

Currywurst, Bratwurst, Döner – schön und gut –, doch Berlin fehlt heißes Wohlfühl-Fastfood, dachte JOSH JOBLIN-MILLS *und backt in der Hauptstadt jetzt Pies, das Nationalgericht der Neuseeländer*

Manchmal betreten Passanten das kleine Café in der Hiddenseer Straße aus purer Neugier. Sie sehen die rotkarierte Couch mit dem passenden Sessel. Einen alten Holztisch. Sie sehen die gelben Wände und auch ein kleines Bücherregal. Und sie sehen die Tafel, auf der mit Kreide die Pies aufgelistet sind. Die Pie mit Rinderhack und Käse, die Pie mit Waldpilzen, mit geräuchertem Lachs, mit Pfeffergulasch. Und dann stellen sie immer die gleiche Frage: „Entschuldigen Sie, was ist eigentlich dieses Pie?"

Pies, ausgesprochen „Peis", stehen in Deutschland eher selten auf der Speisekarte. In Neuseeland ist die Pastete Nationalgericht (ebenso wie in Australien, aber das spielt in diesem Café eine nicht ganz so wichtige Rolle). „In Neuseeland essen wir Pies zum Frühstück, zum Mittag- und zum Abendessen. Sie sind Teil unserer Kultur", erklärt Josh Joblin-Mills, Neuseeländer, Inhaber des Cafés „Oma Marnie's" und Selfmade-Pie-Bäcker.

Er steht in der Küche des Cafés, knetet Teig und erzählt, dass Oma Marnie nicht nur Namensgeberin ist, sondern irgendwie auch der Grund war, warum er überhaupt auf die Idee kam, Pies zu backen. Als er Kind war, hat seine Großmutter täglich für die Großfamilie gekocht. Immer mit frischen natürlichen Zutaten und auf traditionelle Art. „Das war ein richtiges Wohlfühlessen. Oma Marnie ist eine familieneigene Legende", sagt Joblin-Mills, „und ihre Art zu kochen unsere Inspiration." 2012 haben er und seine Frau Anja, eine Deutsche, in Berlin die ersten Pies verkauft, im Juni 2014 haben sie das Café eröffnet. Doch warum in der deutschen Hauptstadt? „Na ja, das war eigentlich eine ganz einfache Entscheidung. Die Familie meiner Frau lebt hier, und ein Pie-Café und -Catering gab es hier einfach noch nicht", sagt er. Er erinnert sich gut an seinen ersten Deutschlandbesuch im Jahre 2008. Damals habe das Streetfood-Angebot in der Stadt noch aus Currywurst, Bratwurst und Döner bestanden. „Aber Berlin mit seinen kalten Wintern braucht doch etwas rundum Wärmendes – wie neuseeländische Pies frisch aus dem Ofen. Und die Deutschen lieben Gebäck, und sie lieben Fleisch. Was könnte da besser hierher passen?"

Also produziert er Pies für Restaurants, Cafés und für Caterings mit bis zu 500 Personen. Das Café öffnet er täglich von 10.30 bis 19 Uhr. „Ich sag ja, Pies kann man zu jeder Mahlzeit essen. Zum Frühstück essen wir ihn meist

◆

„In Neuseeland essen wir Pies zum Frühstück,
zum Mittag- und zum Abendessen.“

◆

traditionell, mit Speck und Ei." Morgens gibt es in Neuseeland oft auch Toast mit Marmite, dem Hefeextrakt, den die Australier gleichermaßen zum Frühstück lieben. „Ein ‚Kiwi Fry Up' ist ebenfalls sehr typisch und dem Full English Breakfast sehr ähnlich", sagt Joblin-Mills und muss lachen: „Viele unserer Essgewohnheiten haben wir den Briten zu verdanken. Pies sind ja auch für die britische Küche typisch."

In der Küche an der Hiddenseer Straße brummt das Gebläse des Backofens. Hinter der Glastür stehen Pieformen auf einem Blech. Ihre Teigdeckel wölben sich langsam nach oben und glänzen golden. Es riecht nach gebratenem Speck, geschmolzenem Käse, Ei. Vielleicht sollte man öfter in den kleinen Cafés an der Ecke fragen, was da eigentlich auf der Speisekarte steht. ◆

Ein bisschen Zeit, Teig und sechs Zutaten: Bacon, Eier, Käse, Zwiebeln, Knoblauch und Pfeffer – mehr braucht es nicht für eine Pie

PIE „BACON & EGG"
für 5 bis 6 Personen

DER TEIG

Butter in 2 mal 2 Zentimeter große Würfel schneiden. Alle Teigzutaten ins Tiefkühlfach legen und so lange kühlen, bis das Wasser fast gefroren ist. Danach das Mehl in eine Küchenmaschine geben, Butter und Salz untermischen. Die Zutaten vermischen, bis die Masse an Semmelbrösel erinnert. Masse in eine große Schüssel geben, mit der Hand kneten und langsam das Wasser hinzufügen. Wenn der Teig fest ist, wickeln Sie ihn in Klarsichtfolie. Sie sollten ihn mindestens 2 Stunden in den Kühlschrank legen (es können aber auch 1 bis 2 Tage sein).

TIPP

→ Mischen Sie so wenig Wasser wie möglich unter, je weniger Wasser, desto besser die Teigqualität.

→ Machen Sie den Teig so schnell wie möglich, weil sie vermeiden sollten, dass die Butter schmilzt.

DIE FÜLLUNG

In einer heißen Pfanne Zwiebeln in Öl anbraten. Wenn sie leicht angebräunt sind, den in kleine Stücke geschnittenen Bacon dazugeben. Mit Knoblauch und Pfeffer würzen und mit Salz abschmecken. Vom Herd nehmen, wenn der Bacon leicht braun ist.

Nun den Teig in zwei 4 bis 5 Millimeter dicke Platten ausrollen. Eine passende runde Backform einfetten und mit der Teigplatte auslegen. Die Bacon-Zwiebel-Mischung, wenn sie abgekühlt ist, hineingeben, dann die Eier aufschlagen und zugeben. Den Käse reiben und über die Mischung streuen.

Mit einem Pinsel die Ränder des Teigs mit Wasser befeuchten. Die zweite Teigplatte über die Backform legen und die Form verschließen. Das machen Sie am besten mit den Fingern oder einer Gabel. Deckel mit etwas Ei oder Sahne glasieren. Ein paar Schlitze in den Deckel schneiden, damit der Dampf entweichen kann, dann für 25 Minuten im vorgeheizten Backofen bei 200 Grad backen.

ZUTATEN

Teig
350 g Weizenmehl (Typ 405)
200 g Butter
100 ml Wasser
1 Prise Salz

Füllung
400 g Bacon
3 Zwiebeln
10 Eier
200 g Cheddar-Käse
1 EL Knoblauch
1 EL Schwarzer Pfeffer
Salz

MARKT DER
GLÜCKSELIG-
KEITEN

---

*Eine Halle voller Frühstück? Nein, das ist nicht das Paradies,
das gibt es wirklich! Alle drei Wochen in Berlin-Kreuzberg und
mit Leckereien aus aller Welt.*

EINE BILDERGESCHICHTE

So ein richtiges gutes Frühstück soll ja glücklich machen – sagen manche. Wenn das so ist, muss es hier sehr viel glückliche Menschen geben. Fettglänzende spanische Tapas. Fluffiges italienisches Weißbrot mit hauchzartem Schinken. Austern, Wein, Käse und Champagner aus Frankreich. Dampfende Pho-Suppe. Geräucherter Fisch. Frisch gepresste Säfte. Kaffeegeruch. Ach, Sie sollten hier sein. Hier in der Markthalle Neun in Berlin-Kreuzberg am dritten Sonntag irgendeines Monats – beim Breakfast Market. Hier gibt es Frühstück aus aller Welt. Zum Beispiel Pull Porked oder Schweinebauch mit Bacon bei „Big Stuff BBQ". Deftig und perfekt bei einem Kater – und von dem wird so manch ein Berliner an einem Sonntag gequält. Ein wenig Glück in Frühstücksform verschafft Linderung. Viel Glück ist noch besser. Und da Sie wahrscheinlich gerade nicht hier sind, gehen wir jetzt für Sie auf eine kleine Weltreise. Nach Portugal, Mexiko und in die Türkei. ◆

◆

„Frühstück ist eine wichtige Mahlzeit in der Türkei. In der Woche, aber vor allem auch am Wochenende, weil man dort mehr Zeit hat. Meistens gibt es Oliven, Käse, Tomaten und Gurken. Oder Menemen. Das ist ein türkisches Nationalgericht mit Paprika, Tomaten und Rührei. Sehr lecker! Das kann ich hier an meinem Stand leider nicht anbieten, weil ich keine Pfanne habe. Aber vielleicht irgendwann. Ich habe ganz klein angefangen. Am Anfang hatte ich einen kleinen Stand auf dem Streetfood Market, der hier immer donnerstags stattfindet. Heute habe ich einen großen Stand, und aus meinem Hobby ist ein kleines Geschäft geworden. Ich koche einfach gerne und freue mich, wenn sich die Leute für türkisches Essen begeistern."

WELTKÜCHE

Das ist mal international – auf dem Breakfast Market gibt es Frühstück aus aller Welt. Aus Frankreich, Vietnam, Mexiko

ANA SANTOS MIT IHREM BRUDER ANTONIO – PORTUGAL

◆

„Das Frühstück ist in Portugal ganz einfach, wir essen lieber mittags und
abends viel. Morgens gibt es oft nur Toast mit Butter, den wir in Kaffee
tauchen. Und natürlich Natas! Die kleinen Küchlein mit Creme-Füllung
wurden von Mönchen erfunden. Ein Pastel de Nata und ein Kaffee – das
ist für mich das perfekte Frühstück. Unsere Natas sind hausgemacht.
Mein Mann macht den Blätterteig, ich die Füllung aus Ei, Sahne, Zucker.
Die genaue Rezeptur kann ich nicht verraten, die ist in jeder Familie
geheim. Wir sind heute zum ersten Mal beim Breakfast Market. Es ist toll,
alle sind so nett hier und haben einfach Lust auf ein gutes kleines oder
großes Frühstück.“

119

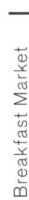

Breakfast Market

EDELIMBISS

Anna Lai serviert bei
Big Stuff BBQ
Herzhaftes zum
Frühstück: feinsten
Schweinebauch. Dazu
ein Cocktail, und der
Sonntag wird zum
Schlemmertag

MARKTHALLE NEUN

Die Markthalle Neun in
Berlin-Kreuzberg wurde
2010 wiederbelebt. Die
Betreiber Nikolaus
Dreesen, Florian Nieder-
meier und Bernd Maier
wollen dort demonstrieren,
dass man auch in der
Stadt regional und
saisonal einkaufen kann.
Die Aussteller an den
Markttagen sind daher
Lebensmittelproduzenten
aus der Region Berlin-
Brandenburg. In der
Markthalle gibt es neben
dem Breakfast Market drei
Markttage, einen Street-
food-Abend und etliche
Sonderveranstaltungen

EDGAR BORK – MEXICO

◆

„Ich habe heute mehrere mexikanische Gerichte im Angebot. Das hier ist ‚Atole‘ – Hafermilch –, die trinken wir schon um sechs, sieben Uhr morgens auf der Straße. Den Milchreis, ‚Arroz con Leche‘, essen wir in Mexiko zum Frühstück, aber auch abends – mit Zimtstangen und Rosinen. Obst ist auch ein ganz typisches Frühstück bei uns. In Mexiko haben wir so viel tolles frisches Obst: Ananas, Banane, Melone, Papaya. Die essen wir pur oder trinken sie als Saft. Die Quesadillas mache ich hier aus praktischen Gründen aus Weizenmehl, wenn wir sie in Mexiko vormittags essen, dann ist sie meistens aus Maismehl. Mais ist eine Grundzutat der mexikanischen Küche. Daraus sind auch die ‚Chilaquiles‘ mit Pulled Pork, Chilisoße, frischen Zwiebeln, Avocado, Crème fraîche und Schafskäse. Das ist ein echtes Katerfrühstück. Passt doch gut zum Breakfast Market. Oder?“

Frühstück bis 18 Uhr

*Berlin schläft lange, frühstücken kann man am Wochenende
fast den ganzen Tag. Da stellt sich doch die Frage: Bis wann ist ein
Frühstück ein Frühstück? Und haben wir es schon immer gegessen?*

EINE GESCHICHTE MIT GESCHICHTE

9.00 UHR – DIE BÜRGERSTEIGE VON FRIEDRICHSHAIN

An einem Sonntagmorgen gehört Berlin mir ganz allein. Na gut, fast. Ein
paar eifrige Touristen, die die langen Schlangen an den Sehenswürdig-
keiten umgehen wollen, trifft man immer. Und an diesem Morgen torkeln
drei Studenten über den Zebrastreifen vor meiner Wohnung. Gestern müssen sie sich extra fein gemacht haben für die Nacht. Heute Morgen ist davon
nichts mehr zu sehen. Sie sind blass, wanken wie Zombies hin und her. Ein
Mann kommt mir entgegen. Er trägt eine Frauenhaarperücke, ein schwar-
zes Negligé, sonst nichts – keine Socken, keine Schuhe, keine Unterhose.
Auf der anderen Straßenseite schiebt ein junger Vater einen Kinderwagen
über das Kopfsteinpflaster. Er sieht genauso übermüdet aus wie die Studenten vom Zebrastreifen, die jetzt dem Negligé-Mann hinterhergrölen.
Für sie ist die Nacht vorbei, für mich beginnt der Tag. Es wird Zeit für ein
Frühstück. Oder auch zwei, drei, vier, fünf. Heute frühstücke ich mit einer
Freundin – den ganzen Tag lang.

10.00 UHR – EINE ZUFLUCHT IN PRENZLAUER BERG

Das Café, das wir besuchen wollen, schläft noch. Die mit Graffiti beschmierten Rollladen hängen wie schwere Augenlider vor den Fenstern. Wir kräuseln die Stirn, doch statt uns zu ärgern, gehen wir zwei Häuser weiter ins Café Atlas. Hier gibt es morgens, mittags und abends französische Küche. Wir bestellen das kleine Frühstück, um es zu teilen. „Ihr habt aber richtig Hunger, was?", sagt die Wirtin und lächelt. Wir lachen und prahlen: „Nein, wir brauchen den Hunger heute noch. Wir frühstücken bestimmt noch vier Mal heute." Vor uns steht ein Holzbrett mit Weintrauben, Kiwi, Orange, Ananas und Melone. Dazu Brot, Marmelade, Honig. Das Baguette ist warm, und das Croissant dampft noch, als ich es aufreiße. „Ich liebe Obst zum Frühstück. Ich mache es mir aber viel zu selten selbst. Morgens so viel zu schnibbeln ist mir zu anstrengend", sagt meine Freundin und ermahnt mich, weil ich wie hypnotisiert auf das dampfende Gebäck starre. „Du musst aber auch Obst essen! Du isst viel zu wenig Obst." Gute Freundin. Auch wenn ich es nicht ganz verstehe: Wer will Obst zum Frühstück, wenn er stattdessen warm-weichen Blätterteig haben kann? Früchte sind etwas für den Nachmittag. Ich nehme ein Stückchen Melone. Am Nebentisch sitzen der Koch und die Wirtin. Wir sind die einzigen Gäste – noch. Wie gesagt: Berlin schläft lange.

800 VOR CHRISTUS BIS 600 NACH CHRISTUS – ANTIKE

Gefrühstückt haben wir schon immer. Schließlich bedeutet das Wort erst einmal nichts anderes, als dass wir die erste Mahlzeit des Tages einnehmen. Wann aber das Frühstück zur täglichen Routine mit speziellen Zutaten geworden ist, ist nicht klar. Erste Berichte über Frühstücksgerichte gibt es aus der Antike. Die Römer zum Beispiel pflegten drei Mahlzeiten pro Tag. Ihr „Ientaculum" aßen sie morgens, es gab Brot, Käse, Oliven, Salat, Nüsse, getrocknete Trauben oder auch kaltes Fleisch vom Vorabend. Außerdem haben sie Milch, Eier und Gebäck zum Frühstück gegessen und dazu Mulsum getrunken, eine Mischung aus Wein und Honig.

Wenn Frühstück eine Sünde sein soll, sind wir hier richtig. Die sieben Tische im Betty'n Caty in Prenzlauer Berg sind alle besetzt. Ständig kommen neue Gäste, die mit einem erwartungsvollen Ausdruck im Gesicht nach einem Platz suchen, aber keinen finden. Das Betty'n Caty ist kein Geheimtipp mehr. Es wurde vor Kurzem in mehreren Blogs empfohlen. Wir sitzen hinten rechts in der Ecke auf einer weinroten Samtbank mit grauen Samtkissen. Auf dem Kupfertresen liegen selbst gebackene Kuchen und Tartes unter Käseglocken. Es duftet nach Café, geröstetem Brot und zerlaufenem Käse. Und wir haben schon wieder Hunger. Während wir auf Frühstück Nummer zwei warten, frage ich mich, ob wir es überhaupt noch so nennen dürfen. Wann ist ein Frühstück ein Frühstück? Wenn wir es vormittags essen? Oder geht es darum, was wir essen? Irgendwann haben unsere Eltern uns beigebracht, dass man morgens Toast mit Käse isst. Oder Müsli. Oder Pho-Suppe, wenn die Eltern zufällig aus Vietnam stammen. Unsere Eltern haben das von ihren Eltern gelernt und die von ihren. Das geht schon seit Jahrhunderten so. Doch was passiert, wenn wir zum Frühstück einen Sauerbraten essen …?

Mein Blick hängt an den weiß gelackten Fliesen an der Wand, die aussehen wie die Klinker einer Hausfassade. Manchmal erzählen Gerüche viel über einen Ort, manchmal Geräusche, manchmal Dinge – wie hier. Die Fliesen, die schwarze Tapete mit Meisen, die auf blühenden Zweigen sitzen. Die Industrielampen. Der schwarz-weiß gekachelte Boden im einen Teil des Raumes, die Dielen im anderen. Die Teekanne mit abgebrochenem Henkel. Gemütlich, kitschig, aber nicht geschmacklos. Im Gegenteil. Geschmacklos ist hier nichts. Das Frühstück steht vor uns. Auf meinem Teller liegt ein Vollkornsandwich mit Räucherlachs, Salat und Meerrettichmayonnaise. Sie trinkt aus einer kleinen Milchflasche frisch gepressten Apfel-Birnen-Saft und lobt ihr Toastie mit Mozzarella, Tomaten und Pesto (sündhaft kross und durch und durch fettig gebacken). Ich trinke einen warmen Saft aus Zitrone und Ingwer mit dem passenden Namen Flu Fighter. „Wollen wir noch den Toast mit Avocado, Chili und pochiertem Ei probieren?"

600 BIS 1000 NACH CHRISTUS – FRÜHMITTELALTER

Dunkle Jahrhunderte wird diese Zeit genannt, weil so wenige Dinge von damals überliefert sind. Was wir wissen: Das Frühstück erlebte tatsächlich eine dunkle Epoche. Im Mittelpunkt der täglichen Mahlzeiten standen Mittag- und Abendessen. Morgens zu essen wurde hingegen von der Kirche zur Sünde erklärt. Das sei Völlerei, und außerdem müsse, wer direkt nach dem Aufstehen Appetit habe, auch andere Gelüste haben. Bis ins 13. Jahrhundert war das Frühstück daher nur bei der ärmeren Bevölkerung verbreitet. Bauern und Arbeiter mussten morgens etwas essen, um überhaupt arbeiten zu können.

14.00 UHR – VOLLGEFRESSEN

Wir haben geredet, noch mehr geredet, Zeitung gelesen, getrunken, gegessen – und plötzlich sind drei Stunden vergangen. Das Café fühlt sich schon an wie unser eigenes Wohnzimmer. Wir müssen weiter. Wir wollen doch noch so viel frühstücken. Doch jetzt haben wir wohl mindestens ein Frühstück für heute eingebüßt, und mein Magen ruft seit einigen Minuten pausenlos: „Bitte nicht mehr füttern." Wir steigen in die U-Bahn, fahren von Prenzlauer Berg Richtung Kreuzberg und Neukölln. Dorthin, wo Berlin noch länger schläft und wo an etlichen Lokalen die Aufschrift „FRÜHSTÜCK BIS 18 UHR" klebt.

14.30 UHR – UNTERWEGS

Wir laufen am Maibach- und Weigandufer den Landwehrkanal entlang. Die Sonne scheint, ein schöner Tag. Und an schönen Tagen sind die Berliner irgendwann draußen – egal, ob im Frühling, Sommer, Herbst oder Winter. Wir weichen Joggern, Spaziergängern und Hundeausführern aus und können uns kaum vorstellen, dass wir uns in wenigen Minuten wieder hinsetzen, um weiter zu essen.

13. BIS 15. JAHRHUNDERT – MITTELALTER

Im 13. Jahrhundert war das Frühstück noch keine feste und schon gar keine große Mahlzeit. In England aß, wer frühstückte, ein Stück Roggenbrot mit Käse und trank Ale dazu. Das galt aber immer noch nur für die Ärmeren, der Adel kam erst im 15. Jahrhundert wieder auf den Geschmack des Frühstücks. Da ließen sich Herrschaften eine Creme aus Eigelb, Milch und Zucker gemischt mit Ale und Wein ans Bett bringen. Eine richtige Mahlzeit war das aber noch nicht. Doch Mahlzeiten werden zu dieser Zeit eine wichtige Institution, auch wenn ihre Zeiten sich immer wieder verschieben. Mitte des 15. Jahrhunderts zum Beispiel hieß es: „Aufstehen um fünf, Mittagessen um neun, Abendessen um fünf, auf die Couch um neun."

15.15 UHR – SCHNODDERIG-GUT!

Ich weiß nicht, ob man in vielen anderen Städten Deutschlands nach einer halben Stunde U-Bahn-Fahrt und Fußweg einen Kulturschock bekommen kann – im positiven Sinne. Im Cabslam ist es nicht gemütlich-schick wie eben noch im Prenzlauer Berg. Hier herrscht Neukölln-Flair. Lässig-schnodderig, studentisch-global. Alle reden Englisch, die (leider etwas langsamen) Kellner und die Gäste am Tisch hinter und neben uns. Wir reden nicht, wir essen. Beim Anblick der Karte hat mein Magen das Programm seines Privatkonzerts sofort von „Bitte nicht füttern!" zu „ESSEN!" geändert. French Toast, Eggs Benedict, Eggs Florentine …

Es ist viertel nach drei Uhr nachmittags. Eigentlich Zeit für Kaffee und Kuchen. Da fällt mir ein – wir hatten ja die Frage noch gar nicht geklärt, was passieren würde, wenn man Sauerbraten zum Frühstück isst. Als die Kellner unser Essen servieren, wird klar: Gar nichts würde passieren. Wir würden uns nur wundern. Stellen Sie sich vor, Sie sind bei Freunden zu Kaffee und Kuchen eingeladen und stattdessen kommt nun das hier auf den Tisch: eine knusprige Mais-Tortilla, darauf schwarze Bohnen, ein Spiegelei, Tomaten, Koriander und perfekt schlonzige Guacamole. Haben Sie Lust darauf, wenn Sie eigentlich um diese Uhrzeit etwas Süßes erwarten? Schwierig, oder? Sie ist deshalb auch auf Nummer sicher gegangen und hat Pancakes bestellt – die könnten auch als Kuchen durchgehen. Ich steche mit einer Gabel in das Auge des Spiegeleies, das Eigelb verteilt sich langsam zwischen Bohnen und Tomaten. Am Tisch hinter uns singen sie „Happy birthday", und ich bin mir nicht sicher, ob sie das Geburtstagskind oder das Frühstück feiern.

18. JAHRHUNDERT – MODERNE

Das Goldene Zeitalter des Frühstücks bricht an. Das erste Mahl des Tages wird von nun an zelebriert. Junge Menschen feiern Frühstückspartys. Architekten planen in neue Häuser extra Frühstücksräume ein. Und im späten Jahrhundert wird der „English Breakfast Tea" erfunden – eine Mischung verschiedener schwarzer Teesorten –, der mit Milch und Zucker getrunken und durch Queen Victoria berühmt wird.

16.20 UHR – IMMER WEITER

Wir sind satt und glücklich und brauchen Luft. Wir laufen weiter durch Berlin. Nicht stehen bleiben, nichts essen.

19. JAHRHUNDERT

Die Gesellschaft setzt sich neu zusammen. Die Mittelklasse entsteht und mit ihr das moderne Frühstück. Die Arbeiterklasse braucht die erste Mahlzeit des Tages, um sich für den Tag zu stärken. Die Bourgeoisie hingegen nutzt sie, um die neu gewonnene Zeit und den neuen Wohlstand zu präsentieren. Sie hat mehr Freizeit – vor allem am Wochenende. Es ist daher kein Zufall, dass zu dieser Zeit zum ersten Mal das Wort „Brunch" im englischen Sprachgebrauch auftaucht. Wie der britische Journalist Guy Beringer in der „Hunter's Weekly" 1895 schreibt, „macht die Tatsache, dass man am Sonntagmorgen nicht mehr früh aufstehen müsse, das Leben für die Trinker der Samstagnacht deutlich angenehmer".

Außerdem sorgt eine zufällige Erfindung für Aufsehen und für neue Sitten am Frühstückstisch: 1894 kochten die Brüder John und Will Kellog in der Küche ihres Battle Creek Sanatoriums Weizen, vergaßen den Topf jedoch auf dem Herd. Die Weizenkörner quollen auf. Die Brüder begannen zu experimentieren. Sie pressten die Körner durch Rollen und trockneten sie mit der Hilfe von Wärme. Das Ergebnis waren knusprige Flocken: Cornflakes.

17.30 UHR – ABHILFE

Vielleicht noch einen Absacker in dieser Kneipe? „Ja, warum nicht? Ein kleiner Drink geht immer", sagt sie. Wir öffnen die Tür.

20. JAHRHUNDERT – NEUZEIT

Die erste Mahlzeit des Tages hat sich bis heute in Deutschland kaum verändert. Wer frühstückt, isst meist Brot, Marmelade, Käse, Wurst, Müsli, Milchspeisen und trinkt Kaffee oder Tee. Doch unsere Arbeitsweise bestimmt unser Frühstücksverhalten. Arbeiter nehmen oft ein zweites Frühstück ein. Angestellte, die viel am Computer sitzen, frühstücken immer häufiger gar nicht.

19.00 UHR – WIEDER WAS GELERNT

Ich bin wieder zu Hause. Experiment beendet. Fazit: Wir haben sehr viel weniger gefrühstückt, aber auch sehr viel besser gegessen als gedacht. Das Frühstück wird in vielen Lokalen ja immer noch etwas stiefmütterlich behandelt. Viel Abwechslung gibt es da nicht. Doch der Trend, im Café oder Restaurant zu frühstücken, hält seit Jahren an. Und so gibt es – ob in Berlin oder anderswo – auch immer mehr Orte mit wirklich gutem Frühstück. Und die Uhrzeit, ja, die Uhrzeit ist völlig egal. Solange es nur gut ist.

19.02 UHR – APROPOS

Zeit fürs Abendessen! Es ist ja Sonntag, da esse ich immer etwas besonders Leckeres und Üppiges. Was könnte ich denn …? Ach, vielleicht nur ein Butterbrot. Das hätte ich auch zum Frühstück essen können. ◆

127

Der Geschmack von Kindheit

DOROTHY MAKAZA *stammt aus Simbabwe, schreibt in Hamburg ihre Doktorarbeit und liebt das Frühstück, das ihre Mutter ihr als Kind immer gemacht hat. Was sie gar nicht liebt? Hitze – ja, ehrlich!*

Es ist ein kalter Wintermorgen. Vor dem Fenster der Wohnung in Hamburgs Mitte fallen still Schneeflocken. Drinnen zischt und brutzelt es: Rindfleisch brät in heißem Fett in einer Pfanne auf dem kleinen Herd. Es riecht nach Paprika, Zwiebeln, Knoblauch. Für Dorothy Makaza riecht es nach Heimat – nach Simbabwe. Sie lächelt. Sie ahnt, was jetzt kommt. Gleich wird sie wieder nach ihrem Heimatland gefragt, danach, wie es denn so sei in Simbabwe. „Diese Frage ist wirklich verrückt, welcher Deutsche könnte schon sagen, wie Deutschland so sei", sagt sie und schüttelt lachend den Kopf. Noch verrückter als die Frage sei allerdings die Reaktion der meisten auf ihre Antwort: „Die Leute scheinen irgendwie enttäuscht zu sein, als ob sie etwas sehr Dramatisches erwarten, eine andere Welt oder so. Und dass ich als Kind gehungert hätte. Habe ich aber nicht, wir waren eine ganz normale Mittelklasse-Familie."

Eine ganz normale Familie aus Simbabwe, Mutter, Vater, vier Kinder, ein kleines Haus mit Garten. An den Wochenenden, wenn die Kinder frühmorgens aus dem Bett krochen, gab es erst einmal ein Porridge – mit Maismehl, das ist typisch für die simbabwische Küche. Dann stellte sich die Mutter an den Herd und kochte ein zweites Frühstück: Ochsenleber-Schmortopf, das Gericht, das jetzt auch in Dorothy Makazas Pfanne in Hamburg vor sich hin gart und das man in Deutschland eher zu einem Mittagessen machen würde. „Ich weiß auch gar nicht, ob es ein besonders typisches Frühstück für Simbabwe ist", gibt Makaza zu. Viele äßen dort auch gern ein Full English Breakfast, das sei das Erbe der Kolonialzeit. „Aber bei uns gab es an den Wochenenden oft Ochsenleber. Das ist mein Lieblingsfrühstück!"

Das Fleisch ist längst goldbraun, das Gemüse angebraten, Dorothy Makaza gießt noch pürierte Tomaten in die Pfanne. In Hamburg habe sie gelernt, dass die Deutschen Rinderleber nur mit Butter und Zwiebeln zubereiteten. „Die wissen gar nicht, was ihnen entgeht. Allerdings muss ich auch sagen, dass das Rindfleisch in Simbabwe anders ist – besser. Und billiger ist es außerdem", sagt sie und lacht über die kulturellen und kulinarischen

◆

*Dorothy Makaza mag Schnee und grauen Himmel. Das Klima ihrer Heimat
Simbabwe vermisst sie nicht – das gute Rindfleisch dort hingegen schon.*

◆

Unterschiede und darüber, dass alle Simbabwe immer mit Afrika gleich-
setzten. Dabei seien die Länder dort doch genauso verschieden wie die
Länder Europas.

Dorothy Makaza ist vor einigen Jahren zum Studieren nach Europa gekom-
men. Im italienischen Pisa machte sie ihren Master zum Thema Menschen-
rechte, in Hamburg schreibt sie ihre Doktorarbeit über Internationales
Recht. „Eine tolle Stadt, ich fühle mich hier so willkommen und so sicher."
Aber das Wetter kann sie doch nicht mögen, dieses Schietwetter und nun
auch noch Schnee … „Das ist doch toll! Ich hatte genug Hitze für ein ganzes
Leben. Nein, die Temperaturen vermisse ich gar nicht." Das Essen ihrer
verstorbenen Mutter würde sie vermissen. An diesem Wintermorgen riecht
es zumindest wieder danach. Nach zu Hause. ◆

Für Dorothy Makaza das
Frühstück ihrer Kindheit in
Simbabwe: Ochsenleber-
Schmortopf. Wer vor
Leber zurückschreckt,
ersetzt sie durch Rinder-
gulasch

SIMBABWISCHER OCHSENLEBER-SCHMORTOPF

für 3 Personen

Paprika, Zwiebeln, Lauchzwiebeln, Knoblauch und Ingwer klein hacken. Die Ochsenleber trockentupfen. Etwas Öl in eine Pfanne geben, auf der obersten Stufe erhitzen und das Fleisch darin scharf anbraten, bis es goldbraun ist. Die Hitze etwas reduzieren (mittlere Stufe), die Zwiebeln dazugeben und so lange dünsten, bis sie glasig sind. Die Paprika zugeben und zwei Minuten braten. Anschließend Knoblauch, Zwiebeln und Ingwer in die Pfanne gleiten lassen, die Masse mit Salz, Pfeffer und Kräutern der Provence abschmecken. Zum Schluss die Tomaten zugeben und das Gericht noch mal kurz weiterköcheln lassen.

Mit Toast und Ei servieren. Die Eier können ganz nach Geschmack zubereitet werden: gekocht, pochiert, gerührt, als Spiegelei oder Omelett. Dazu am besten einen Schwarzen Tee mit Milch trinken.

ZUTATEN

500 g Ochsenleber
(alternativ: Rindswurst)
½ grüne Paprika
½ rote Paprika
2 kleine Lauchzwiebeln
½ weiße Zwiebel
1 Knoblauchzehe
1 Stück Ingwer (in Größe der Knoblauchzehe)
Sonnenblumenöl
2 frische Tomaten oder
250 g pürierte Tomaten
Kräuter der Provence
1 Prise Salz
1 Prise Schwarzer Pfeffer

◆

*Das Leben der Bloggerin Luisa Weiss ist transatlantisch. Pancakes bringen
ihr ein Stück USA in die Charlottenburger Wohnung.*

◆

Die Heimatküche

LUISA WEISS *ist ihre Kindheit lang zwischen den USA,*
Deutschland und Italien gependelt. Gut, dass auch Länder
in einen Topf oder eine Pfanne passen. Die USA zum
Beispiel schmecken wie ein Pancake

Während die Butter in der Pfanne schmilzt, schaut Luisa Weiss aus
dem Küchenfenster. Sie sieht das Schloss Charlottenburg, Altbauten
und von Bäumen gesäumte Straßen – ihre Heimat. Doch ihr Zuhause ist
die Küche selbst. Nicht unbedingt diese mit Ausblick, sondern jede mit
Herd, Backofen, Töpfen und Schneebesen. Das ist ihr Wohlfühlort, egal,
wo auf der Welt sie gerade ist. In der Charlottenburger Küche ist die Butter
nun flüssig. Weiss vermischt sie in einer Schüssel mit Milch, Eiern, Weizen-
und Buchweizenmehl. „Sehr gut", sagt sie, „den Teig für die Pancakes
hätten wir schon mal."

Luisa Weiss wurde Ende der 1970er-Jahre in Berlin geboren. Als sie drei
Jahre alt war, trennten sich ihre Eltern. Ihr Vater, US-Amerikaner und
Mathematikprofessor, zieht mit ihr nach Boston. Die Mutter, eine Italiene-
rin, bleibt in Berlin. Weiss besucht sie an Weihnachten und verbringt mit
ihr die Sommerferien auf Sizilien bei der italienischen Großfamilie. Erst
als sie zehn Jahre alt ist, dreht sich der Rhythmus: Weiss lebt bei ihrer
Mutter und besucht den Vater. Fürs College geht sie wieder in die USA,
danach ein Jahr nach Paris. Anschließend zieht sie nach New York, wird
Kochbuchlektorin.

Ihr Leben ist transatlantisch, ihr Heimweh international. Sie hat dagegen
angekocht. Wenn ihr die Mutter gefehlt hat – italienisch. Wenn sie den
Vater vermisste – amerikanisch. Wenn sie Sehnsucht nach Berlin hatte –
deutsch. Und irgendwann, als sie als Kochbuchlektorin in New York lebte,
begann sie als „The Wednesday Chef" darüber zu bloggen. Das war 2005.

Die Pancakes brutzeln in der Pfanne. Es riecht nach Getreide und ver-
branntter Butter. „Die ersten Pancakes werden nie gut. Das ist ein Gesetz.
Hier!", sagt sie und hebt die ersten drei Eierkuchen mit einem Pfannen-
wender auf eine Platte. Sie sind dunkel, und die Form ähnelt eher einem
Spiegelei als einem Kreis. Weiss löffelt drei neue Teigtaler in die Pfanne.
„Wenn im Teig kleine Löcher auftauchen, kann man ihn wenden", erklärt
sie. Diese Löcher sorgen dafür, dass die Pancakes fluffig werden. Die Konsistenz unterscheidet sie von den deutschen Pfannkuchen oder anderen
Eierkuchen weltweit.

In den USA gibt es etliche Variationen von Pancakes. Mal enthält der Teig Buchweizen, mal Buttermilch oder Sauerteig. Und verfeinern kann man ihn mit allem, was schmeckt: Bananen, Äpfeln, Schokolade, Nüssen und natürlich Blaubeeren – der Klassiker. „Mein Vater hat mir als Kind immer Buchweizen-Pancakes gebacken, die schmecken am besten." Heute macht Luisa Weiss Pancakes nur am Wochenende. Sie steht dann vor der Pfanne, ihr Mann und ihr kleiner Sohn sitzen am Küchentisch „und essen alle allein auf!", sagt sie und lacht.

Ihr Mann war der Grund, weshalb sie im Dezember 2009 zurückkam nach Berlin. Sie gab ihren Job in New York auf und stürzte sich hier in die Selbstständigkeit. Sie schrieb ihr Buch „My Berlin Kitchen", in dem sie ihre Lebensgeschichte erzählt – und von den Rezepten, die dazugehören: die „Falschen Baked Beans", die ihr einst gegen Einsamkeit halfen. Die geschmorten Artischocken ihres sizilianischen Onkels. Die Erbsensuppe, die ihr Mann kochte, um sie in Berlin zu begrüßen. Inzwischen schreibt Weiss am nächsten Buch, einem deutschen Backbuch für den amerikanischen Markt. Sie verfasst eine Kolumne für ein Magazin, kocht auch mal ein Thanksgiving-Dinner für 40 Personen, arbeitet für Magazine und Zeitungen aus den USA, lektoriert wieder Kochbücher, gibt Schreib- und Kochkurse.

Die Pancakes sind fertig. Luisa Weiss schichtet sie auf einem Teller übereinander und verziert den Stapel mit einem Stück Butter. Als sie auf den warmen Talern schmilzt, gießt sie ein wenig Ahornsirup darüber. Ein Stück USA in der Charlottenburger Küche. ◆

Warten auf die Bläschen: Erscheinen sie im Teig, sind die Pancakes bereit zum Wenden. Und wenn sie gebacken sind, schnell ein Stück Butter und Ahornsirup darübergeben

BLAUBEEREN-BUCHWEIZEN-PANCAKES

ergibt 12 bis 16 Pancakes

In einer Schüssel die Milch, die geschmolzene Butter und das Ei mit einem Schneebesen gut vermischen. In einer zweiten Schüssel die beiden Mehlsorten mit dem Backpulver, dem Zucker und dem Salz vermischen. Die Milchmischung in die Mehlmischung geben und vermengen, aber nicht zu stark! Es dürfen ruhig ein paar kleine Klümpchen im Teig sein. Zum Schluss die Blaubeeren untermischen.

Eine Pfanne mit etwas Butter einfetten und bei mäßiger Hitze erwärmen. Den Teig als kleine Häufchen in die Pfanne setzen (je 2 EL für kleinere Pancakes, 4 EL für größere). So lange auf einer Seite braten, bis auf der Oberfläche kleine Bläschen auftauchen. Wenden und die andere Seite goldbraun braten. Die fertigen Pancakes auf einen Teller legen, im Ofen warmhalten und mit dem restlichen Teig alle Pancakes fertig backen. Mit etwas Butter und viel Ahornsirup anrichten.

ZUTATEN

125–175 ml Milch
25 g Butter, geschmolzen
1 Ei
60 g Mehl
60 g Buchweizenmehl
2 TL Backpulver
2 EL Zucker
½ TL Salz
100 g frische Blaubeeren

135

USA

Die Kraft der Avocado

Für den Brasilianer CAIQUE TIZZI *gehört Kochen und Essen
zusammen. Deshalb gründete er in Berlin-Neukölln in einem alten
Fabrikgebäude das Kollektiv Agora. Dort wird nicht nur Kunst
gemacht, dort experimentieren auch Köche aus aller Welt*

E ine Avocado, zwei Kochbananen, eine Zitrone und ein wenig Schwarzwälder Schinken liegen vor Caique Tizzi auf dem Tisch. „Das ist alles",
sagt er. Tizzi steht in der Küche des Agora Collective, eines Ortes für Kunst
und Kreative in Berlin-Neukölln. Er will ein brasilianisches Frühstück zubereiten. Mit Schwarzwälder Schinken? „Parmaschinken geht auch", erwidert
Tizzi und grinst. Es sei für die brasilianische Küche nicht entscheidend, wo
die Zutaten herkämen, sondern wie man mit ihnen umgehe. „Dinge aus
unterschiedlichen Kulturen miteinander zu kombinieren, das ist es, was
Brasilien ausmacht!" Gerade in der Küche. Die sei stets ein Mix aus vielen
verschiedenen Einflüssen, der sich ständig verändere. Bei Tizzis brasili-
nischem Frühstücksrezept ist das genauso. Den klassischen brasilianischen
Zutaten Kochbanane und Avocado verleiht er nun einen Hauch Europa,
indem er die Avocado mit der Zitrone zu einer salzigen Creme mixt (in Brasilien isst man sie süß) und den Schwarzwälder Schinken hinzufügt.

Aber es gibt natürlich auch typisch brasilianische Frühstücksgerichte. Pão
de queijo etwa – diese runden Bällchen aus einem Tapiokamehl-Brandteig
und Käse isst man am besten ofenwarm. Wer mag, füllt sie mit Fleisch,
Käse oder Doce de leite, dem klebrig-süßen Brotaufstrich aus Milch und
Zucker. Und selbstverständlich ist – was liege in diesem Land näher? – Obst
sehr beliebt, zum Beispiel ein Püree aus Açai-Beeren mit Müsli, noch mehr
Obst und Zucker.

Sein Kochbananen-Frühstück hat Tizzi sich selbst ausgedacht, so wie er
sich auch das Kochen selbst beigebracht hat. Eigentlich ist Tizzi Künstler.
Er malt, kuratiert und arbeitet am liebsten gemeinsam mit anderen. Die
Beziehungen zwischen Menschen, die in bestimmten Kontexten aufeinan-
dertreffen, interessieren ihn. So wie im Kollektiv Agora, das er 2011 mit-
gründete. Agora ist ein fast schon utopischer Ort, er verbindet Kunst,
Arbeit und Essen miteinander. Im Erdgeschoss gibt es ein Café, in dem
Köche aus aller Welt einen Mittagstisch bereiten, darüber gibt es auf zwei
Etagen Co-Working-Plätze und ganz oben einen Raum für Kunstausstel-
lungen.

◆

„Die brasilianische Küche kombiniert Zutaten aus unterschiedlichen Kulturen,
das ist es auch, was Brasilien ausmacht!"

◆

Agora ist ein fortlaufendes Experiment, es erfindet sich immer wieder neu. Es ist wie beim Kochen: Auch da geht es Tizzi stets um den Moment, in dem sich die Zutaten miteinander vermischen und etwas Neues entsteht. So wie die Avocado und die Zitronen in seinem Rezept. Und das gelte nicht nur für den Geschmack, sondern auch für die Optik. „Warum fotografieren alle ständig ihr Essen?", fragt er und antwortet selbst: „Weil Essen schön und faszinierend ist. Essen ist unsere engste Verbindung zur Erde. Eine Avocado zum Beispiel: Das ist pure Kraft, Leben und Vitalität!"

◆

„Essen ist schön und faszinierend.
Essen ist unsere engste Verbindung zur Erde. Eine Avocado
zum Beispiel ist pure Kraft, Leben und Vitalität."

◆

Kein Wunder, dass er die Frucht besonders gern zum Frühstück isst. Überhaupt liebe er es zu frühstücken, aber erst seitdem er in Europa lebt. Früher habe er nie Zeit dafür gehabt, er musste früh in die Universität und genehmigte sich stattdessen ein ausführliches Mittagessen. Als er nach Paris zog, verliebte er sich in die französischen Backwaren. Doch erst, als es ihn nach Berlin verschlug, wurde er zum passionierten Frühstücker: „Der Rhythmus der Stadt hat mich fasziniert. São Paulo und Paris sind sehr schnelle Städte, Berlin hingegen nimmt sich Zeit." Als er zum ersten Mal in der Speisekarte eines Berliner Cafés „Frühstück bis 17 Uhr" las, konnte er es kaum glauben … Seine angebratenen Kochbananen mit Avocado-Schinken-Topping schmecken aber auf jeden Fall auch am Nachmittag noch. ◆ *(bs)*

Der Moment, in dem sich die Zutaten miteinander vermengen und etwas Neues ergeben – für Tizzi das Spannendste beim Kochen

Einfach brasilianisch: Caique Tizzi braucht für sein Lieblingsfrühstück nur eine Avocado, ein bisschen Schinken, zwei Kochbananen und ein wenig Zitronensaft

Frühstückspause im Kollektiv Agora,
das Tizzi vor einigen Jahren gegründet
hat. Mit Café, Co-Working-Plätzen und
Ausstellungsfläche. Hier treffen sich
Kunst und gutes Essen

KOCHBANANE
mit Avocadocreme und knusprigem Schinken

für 2 Personen

In einer Pfanne das Sonnenblumenöl erhitzen, bis es
heiß genug ist, um die Kochbanane darin zu frittieren. Die Kochbanane in vier Teile schneiden und im
heißen Öl zwei Minuten lang frittieren, bis sie goldgelb ist.

In einer Schale die Avocado zerdrücken, mit dem
Zitronensaft vermischen, salzen und pfeffern.

Den Schinken in Streifen oder Würfel schneiden. Eine
Pfanne erhitzen und den Schinken darin (ohne Fett)
anbraten, bis er knusprig ist.

Die Avocadocreme auf die Kochbananenstücke geben
und den knusprigen Schinken darüberlegen.

ZUTATEN

1 Kochbanane
1 halbe Avocado
3 Scheiben Rohschinken
200 ml Sonnenblumenöl
Zitronensaft
Salz
Pfeffer

Schön fettig, die Koch-
bananen werden frittiert,
bevor sie mit Avocado und
Schinken serviert werden

Nachschlag gefällig?

Wie die Welt frühstückt? Alles aufzuzählen würde das Buch sprengen. Ein paar ausgewählte Frühstücksideen von Ägypten bis Costa Rica

EIN ÜBERBLICK

ÄGYPTEN

Saugut — Die Ägypter essen Ful – einen Brei aus Saubohnen, der mit Öl, Petersilie, Zitrone, Zwiebeln, Knoblauch und Kreuzkümmel abgeschmeckt wird.

◆

COSTA RICA

Fleckig — Das Nationalgericht Gallo Pinto (zu deutsch: gefleckter Hahn) besteht aus gebratenem Reis, schwarzen Bohnen und Zwiebeln. Zum Frühstück wird es oft mit Rührei und frittierten Bananen gegessen.

VIETNAM

Flüssig — Wie in vielen asiatischen Ländern besteht die erste Mahlzeit des Tages auch in Vietnam aus einer Suppe; hier heißt die Brühe Pho und wird mit Rindfleisch, Lauchzwiebeln, Koriander, Minze, Chili, Pfeffer, Limetten und Fischsoße serviert.

◆

KAMERUN

Getrocknet — In Westafrika isst man Gari: Dieser geraspelte und getrocknete Maniok gehört dort genauso zum Frühstück wie Hirsebrei und Kochbananen.

◆

INDIEN

Vielfältig — In Indien gibt es nicht nur ein typisches Frühstücksgericht. In Südindien isst man Idli (gedämpfte Linsen-Reiskuchen), Vada (eine Art Krapfen aus Linsen, Kichererbsen und Kartoffeln oder Urdbohnen) und Dosa (dünner Pfannkuchen), in Nordindien zum Beispiel Paratha oder Roti (unterschiedliche Fladenbrote).

◆

RUSSLAND

Sauer bis breiig — Die Russen essen morgens gern saure Milchprodukte wie Kefir oder Quark, außerdem Eier, Wurst, Käse und Brot. Typisch ist auch Kascha, ein Buchweizenbrei, der mit Butter, Zucker und Milch gekocht wird.

◆

PERU

Gut gewickelt — Peruaner essen häufig Tamales zum Frühstück. Das ist ein Teig aus Mais, der gekocht wurde und zusammen mit Fleisch oder Käse in ein Bananenblatt eingewickelt wird.

TIPP

→ Mehr Frühstückstraditionen aus aller Welt sammeln wir online. Einfach reinklicken: so-fruehstueckt-die-welt.de

Shanghai-Wedding

Die Chinesin ASH LEE *lebt in ihrer kleinen Küche ihre Leidenschaft aus:*
das Kochen. Sie hat einen Supperclub gegründet, gibt Kochkurse und
arbeitet als Mietkoch. Doch an diesem Samstagmorgen serviert sie ihren
Freunden einfach ein typisches chinesisches Frühstück: Wan Tans

Samstagmorgen, eine Altbauwohnung im Berliner Ortsteil Wedding.
Im Wohnzimmer dudeln leise Soul-Töne. Auf dem schneeweißen
Esstisch steht ein Bambustablett, darauf eine Teekanne. Weißer Tee
dampft in kleinen Schälchen. In der kleinen Küche am anderen Ende des
Flurs ist es still. Die Musik aus dem Wohnzimmer ist hier kaum zu hören.
Ash Lee faltet eine chinesische Teigtasche, Wan Tan genannt. Eine Teig-
platte, ein wenig Füllung darauf, streichen, drehen, fertig. Der nächste.

Ash Lee ist Profi im Falten. In Berlin ist sie als Dumpling Diva bekannt –
Teigtaschen-Göttin – und mehr noch für ihren Supperclub „Chi Fan". Sie
bietet Catering und Kochkurse an und ist Teil des Kitchensurfing-Netz-
werks, in dem man Mietköche buchen kann. An diesem Samstagmorgen
erwarten die Chinesin und ihr Mann Matt, ein Kanadier, Gäste zum Frühstück: einen Franzosen namens Damien, der in Berlin als Bartender arbeitet, und Matts Schwester Julia.

Noch ist niemand da. Matt deckt im Wohnzimmer den Tisch. Ash Lee legt
die fertigen Wan Tans auf ein Holzbrett. Sie nimmt ein Messer und schneidet damit Schnittlauch in feine Streifen. Mit ein paar anderen Zutaten sollen sie die Brühe würzen, in der die Teigtaschen gekocht werden. Wan Tans
sind ein typisches Frühstück aus ihrer Kindheit, erzählt Ash Lee währenddessen. Ihre Oma habe die besten gemacht, obwohl die eigentlich nicht
kochen konnte. Der leidenschaftliche Koch in der Familie ist Ash Lees
Mutter. „Sie ist ein richtiger Foodie", sagt sie und lächelt. „Sie liebt es zu
kochen – und deshalb liebe ich es auch. Sie hat mir diese Leidenschaft
vererbt." Deshalb arbeitet sie heute in Berlin als Köchin, obwohl sie keine
professionelle Ausbildung hat. Obwohl: Dazu kam es nicht nur wegen der
Mutter, sondern auch wegen der Liebe.

Ash Lee ist in Shanghai aufgewachsen. Nach dem Studium arbeitet sie dort
erst als Barista, dann im Kundenservice eines Wohnungsunternehmens.
2008 reist sie nach Berlin, um Freunde zu besuchen – und verliebt sich in
die Stadt und in Europa. Also kommt sie ein Jahr später zurück nach
Deutschland. Ihren Job in Shanghai hat sie gekündigt. Sie bleibt zehn
Monate in Berlin, lernt Deutsch – und verliebt sich in Matt. Doch im Herbst

◆

Wan Tans sind das Frühstück ihrer Kindheit. Ash Lees Oma hat die besten gemacht, doch die Leidenschaft für das Kochen hat sie von ihrer Mutter geerbt.

◆

Eine Teigplatte, ein wenig Füllung darauf,
streichen, drehen, fertig. Der nächste.

des Jahres muss sie zurück nach Shanghai. Sie arbeitet dort wieder und bekommt diesmal selbst Besuch. Von Matt. Er macht ihr einen Antrag, sie sagt „Ja". 2010 heiraten sie, und sie zieht endgültig nach Berlin. Zu ihrem Ehemann. „Ja, das ging schnell. Viele Deutsche finden das seltsam", sagt sie heute. „Aber es ist doch nicht die Zeit, die über die Liebe entscheidet."

Einen kleinen Haken hat die Sache trotzdem. In den ersten beiden Jahren ihrer Ehe darf sie in Deutschland nicht arbeiten. Also nutzt Ash Lee die Zeit für das, was sie schon immer am liebsten getan hat. Sie kocht. „Damals habe ich einfach ganz verrückte Sachen in meiner eigenen Küche gemacht", erinnert sie sich, „und dann musste ich mich entscheiden: Will ich wieder in einem Büro arbeiten oder weiterhin das machen, was ich gern tue?" Sie entscheidet, sich für das, was sie gern tut, lädt Fremde zu ihrem Supperclub „Chī Fan" ein und gibt Kochkurse als Dumpling Diva.

Aus dem Flur schrillt die Türglocke in die Küche. Die Gäste treffen ein. Ash Lee setzt einen großen Topf mit Wasser auf den Herd und dreht die Gasflamme auf. Die gerade geschnittenen Zutaten gibt sie noch nicht in die Brühe. „Die verteile ich zusammen mit etwas Sesamöl, heller Sojasauce, Salz und Pfeffer auf die Schüsseln, aus denen wir nachher essen", erklärt Lee. „So wird der Geschmack intensiver und nicht verkocht."

Im Wohnzimmer schenkt Matt seiner Schwester und Damien weißen Tee ein. Die Musik legt sich wie eine leichte Decke über den Raum. „Es gibt Wan Tans", erzählt Matt. „Ich liebe Wan Tans!", schallt es von beiden Gästen unisono, „aber zum Frühstück?"

In China ist das ganz normal, nicht nur in Ash Lees Familie. Doch es gibt zahllose Frühstücksgerichte mehr. Jede Region hat eigene Spezialitäten. In Lees Heimat Shanghai sind es die Wan Tans, aber auch Eierkuchen mit Lauch. In anderen Gegenden isst man andere Teigtaschen wie Baozi oder Jiaozi, Nudelsuppen oder die frittierten Brotstangen Youtiao.

„Bei uns waren Cornflakes oder ein All American mit Speck, Ei und Pancake ein typisches Frühstück", sagt Julia. „Ja, stimmt. Was isst du in Frankreich zum Frühstück, Damien?" „Meistens ein Baguette mit Butter und Marmelade. Oder nur mit Butter, das kann man dann gut in den Kaffee tunken." Matt und seine Schwester lachen. „Das machen viele bei uns! Das Frühstück ist aber auch nicht die wichtigste Mahlzeit in Frankreich."

Ash Lee kommt ins Wohnzimmer. „Die Wan Tans sind fertig!", ruft sie und hält zwei dampfende Schüsseln in den Händen. Matt holt die zwei fehlenden aus der Küche. „Das esst ihr also zum Frühstück?", fragt Damien, „Perfekt! Vor allem an einem Samstag, an den man spät aufgestanden ist und sich nur einen entspannten Tag machen will." Im Hintergrund klingt leise die Musik. ◆

147

WAN-TAN-SUPPE

für 4 bis 5 Personen

ZUTATEN

Die Basis-
Schweinefleischfüllung
500 g Schweinehack-
fleisch
10 g gehackter Ingwer
15 g fein gehackte
Frühlingszwiebeln
2 EL Shaoxing-Reiswein
zum Kochen
3 EL helle Sojasoße
½ TL Salz
kleine Prise Zucker
6 EL Wasser
2 EL Sonnenblumenöl

Für die Füllungen das Schweinefleisch in einer großen Schüssel mit allen Zutaten bis auf das Wasser und das Sonnenblumenöl mischen. Anschließend langsam das Wasser untermischen, bis es gut mit der Fleischmasse vermengt ist. Das dauert ungefähr zwei bis drei Minuten. Das Sonnenblumenöl hinzufügen, alles mischen und für eine Stunde in den Kühlschrank stellen. Das Gleiche mit den anderen beiden Füllungen wiederholen.

Und jetzt geht's los! Wan Tans falten: Am einfachsten ist die Methode „Praline". Einen Klecks Füllung in die Mitte einer Teigplatte geben, die vier Ecken nach oben zusammenziehen und eindrehen, so dass sie wie eine eingepackte Praline aussehen. Wichtig ist, dass die Füllung komplett im Teig eingeschlossen ist und kein Wasser eindringen kann.

Die Zutaten für die Suppenwürze mischen, in 4 bis 5 Suppenteller oder -schüsseln geben und zur Seite stellen.

Wasser in einem großen Topf zum Kochen bringen. Die Wan Tans mit einer Schaumkelle langsam in das kochende Wasser geben, den Topf abdecken und das Wasser wieder zum Kochen bringen. Den Deckel abnehmen und die Wan Tans bei mittlerer Hitze so lange kochen bis sie oben schwimmen. Den Herd ausschalten.

Die Wan Tans mit dem Kochwasser in den angerichteten Tellern oder Schüsseln verteilen. Wenn Sie es scharf mögen, ein bisschen Chili-Öl darauf sprenkeln.

Sie können die Wan Tans auch in Hühnerbrühe kochen, dann wird das Gericht ein bisschen herzhafter.

TIPP
→ Auf YouTube finden Sie weitere Anleitungen.
Einfach „Wan Tan falten" in die Suche eingeben.

Schweinefleisch-Garnelen-Füllung

Zur Basis-Schweinefleischfüllung diese Zutaten zufügen:

200 g Garnelen, küchen-
fertig und grob gehackt
1 Prise weißer Pfeffer
1 TL Shaoxing-Reiswein
zum Kochen

Schweinefleisch-Wasserspinat-Füllung

Zur Basis-Schweinefleischfüllung diese Zutaten zufügen:

200 g Wasserspinat,
blanchiert, trockengetupft
und fein gehackt
1 EL Sesamöl
⅓ TL Salz

Zum Würzen der Suppe

1 geh. EL fein geschnitte-
ner Schnittlauch
4 TL Sesamöl
1,5 EL fein geschnittene
Senfblätter
(gibt es im Asiamarkt)
4 TL helle Sojasoße
Salz und Pfeffer zum
Würzen
ein bisschen Chili-Öl

Außerdem

1–2 Packungen
Wan-Tan-Teig aus
dem Asiamarkt

ANHANG

150 – 160

MYSTERIÖSE FRÜHSTÜCKSTEILCHEN

Apfel, Lachs und Ei? Kennt jeder. Doch was ist mit Chiasamen,
Gojibeeren und Tteok? Eine kleine Frühstücksteilchen-Lehre

◆

ACETO BALSAMICO
Balsamessig, dunkelbraun, schmeckt süßsauer, das Original stammt aus den italienischen Provinzen Modena oder Reggio Emilia, gibt es auch als Crema di Balsamico, die Creme ist fester und wird häufig zum Verzieren verwendet

AGAVENDICKSAFT
Süßungsmittel, auch Agavensaft genannt, süßer und flüssiger als Honig, wird aus dem Nektar der Agave gewonnen, farblos bis dunkelgelb, wird in Mexiko produziert

AHORNSIRUP
Süßungsmittel, eingedickter Saft des Zucker-Ahorns, wird vor allem in Kanada und im Nordosten der USA produziert (Bundesstaat Vermont)

BLACK PUDDING
Englische Blutwurst, aus Schweineblut und Haferflocken, wird gekocht, kann kalt und warm gegessen werden

BONITO-PULVER
Würzmittel, natürlicher Geschmacksverstärker, getrockneter und geräucherter Bonito – eine Thunfischart – wird zu Flocken verarbeitet, auch Katsuobushi (japanisch) genannt

BRAUNER KÄSE
Braunkäse, norwegische (und teils auch schwedische) Spezialität, wird aus der Molke von Kuh-, Ziegen- oder Schafsmilch hergestellt, schmeckt ein bisschen wie Dulce de leche, passt wunderbar zu Brot (mit Butter oder Marmelade), aber auch in die Soße von Wildgerichten oder als Topping zu Waffeln

BROWN SAUCE
Würzsoße, scharf-würzig (im Geschmack der US-amerikanischen Steaksoße ähnlich), enthält Tomaten, Melasse, Datteln, Tamarinde, verschiedene Gewürze, Essig, manchmal auch Rosinen und Anchovis, wird in England zum Full English Breakfast, aber auch zu Schinken-Sandwiches, Chips und gebackenen Bohnen gegessen, Engländer schwören auf die HP Original Brown Sauce

CASHEWKERNE
Kerne des Kaschubaums (englisch: cashew), enthalten Tryptophan, das im menschlichen Körper für die Bildung des Glücksbotenstoffes Serotonin verantwortlich ist, außerdem viele Mineralstoffe und Vitamine; einzige Frucht, deren Kern außen sitzt

151

CHIASAMEN
Sogenanntes Superfood, schwarze und weiße Samen, erinnern an Leinsamen, hoher Anteil an Omega-3-Fettsäuren, Proteinen, Vitaminen, Antioxidantien und Mineralstoffen, sollen die Verdauung fördern

CIDRE
Französischer Apfelschaumwein, wird vor allem in der Normandie und der Bretagne produziert, in Deutschland: Apfelschaumwein, in England: Cider

DIJON-SENF
Tafelsenf, nach der Stadt Dijon im Osten Frankreichs benannt, keine geschützte Herkunftsbezeichnung, basiert auf einem Rezept, das Mitte des 18. Jahrhunderts in Dijon entwickelt wurde, besonders gut zum Kochen geeignet (vor allem für Soßen und Dressings)

FISCHSOSSE
Würzsoße, die auf fermentiertem Fisch basiert, in Ost- und Südostasien sehr verbreitet, zum Beispiel in Korea, Vietnam und Thailand, besteht vor allem aus Sardellen, Salz, Zucker und Wasser, bräunlich-klar, riecht intensiv fischig, soll den Geschmack eines Gericht verstärken, ohne fischig zu schmecken

GELATINE, VEGETARISCH
Geliermittel, handelsübliche Gelatine wird aus Schweineschwarten oder Tierknochen hergestellt, inzwischen gibt es verschiedene vegetarische Ersatzstoffe wie Agar-Agar, Alginate oder Johannisbrotkernmehl

GOJIBEEREN
Sogenanntes Superfood, Beeren des Gemeinen Bocksdorns, auch Chinesische Wolfsbeere genannt (englisch: Goji), Früchte werden getrocknet und meistens gekocht, nährstoffreich. In China ist die getrocknete Gojibeere für ihre Heilkräfte bekannt (gegen hohen Blutdruck und Blutzucker, bei Augenproblemen, für das Immunsystem, gegen Krebs)

GRIECHISCHER JOGHURT
Sahnejoghurt, cremig, hoher Fettgehalt, wird in Griechenland mit Honig und Walnüssen gegessen

KIMCHI
Koreanisches Gericht, durch Milchsäuregärung zubereitetes Gemüse, ähnlich wie Sauerkraut ein Vitamin-C-Speicher für den Winter, fehlt heute bei keinem Mahl in der koreanischen Küche, traditionell wird es aus Chinakohl hergestellt

KOCHBANANE
Frucht, auch Gemüsebanane oder Mehlbanane genannt, in vielen Regionen Amerikas, Afrikas und Asiens ein Grundnahrungsmittel, roh nur im vollreifen Stadium (Schale fast komplett schwarz) essbar, wird in der Regel gekocht, frittiert oder gebraten

LUCUMA-PULVER
Sogenanntes Superfood, Frucht des Lucuma-Baums zu Pulver gemahlen, süßer Geschmack, nährstoffreich, stammt aus den Andentälern in Peru, Chile und Ecuador, zum Andicken von Süßspeisen und Desserts geeignet

MACA-PULVER
Sogenanntes Superfood, aus Peru, die Maca-Pflanze wird dort seit 2000 Jahren angebaut, Nahrungs- und Heilpflanze, Knolle, wird getrocknet und zu Pulver gemahlen, Studien weisen darauf hin, dass Maca-Pulver das Immunsystem stärkt, die Leistungsfähigkeit und vor allem die Potenz steigert

MATCHA-TEE
Grüntee (Sorte Tencha), der zu einem feinen Pulver gerieben wurde, giftgrün, lieblicher bis herber Geschmack, die Tencha-Teesträucher werden vier Wochen vor der Ernte vor der Sonne abgeschirmt, damit die Blätter dunkelgrün und delikat im Geschmack werden

MILCHZUCKER
Süßungsmittel, ein in Milch enthaltener Zucker, auch Lactose genannt, Vorsicht: hat eine mild abführende Wirkung

MORINGA-PULVER
Sogenanntes Superfood, aus den Blättern des Moringa-Baumes, zu Pulver gemahlen, hoher Eiweißgehalt (rund 30 %), reich an Mineralien, sekundären Pflanzenstoffen und Antioxidantien, leicht scharf im Geschmack (erinnert an Meerrettich)

ONSEN-EIER
Auch Onsen-Tamago, spezielle Zubereitungsmethode für Eier in Japan. Die Eier werden in der Schale in den japanischen heißen Quellen „Onsen" gegart, rund eine Stunde bei 60 bis 70 Grad, Eiklar und Dotter gerinnen nur leicht und werden wachsweich. In der modernen Küche werden Onsen-Eier mit der Niedrigtemperaturmethode gegart

PANCAKE
Eierkuchen, amerikanisches und kanadisches Nationalgericht, kleiner und dicker als deutscher Eierkuchen (außerhalb Berlins auch Pfannkuchen genannt). Weltweit kennen viele Küchen Eierkuchen: Bliny (Russland), Palatschinken und Kaiserschmarren (Österreich), Crêpe und Galette (Frankreich), Poffertjes (Niederlande)

PASTEL DE NATA
Portugiesisches Nationalgebäck, auch Pastel de Belèm (Mehrzahl Pastéis), gebackene Törtchen aus Blätterteig, gefüllt mit Creme aus Eigelb, Zucker und Sahne, werden mit Zimt oder Puderzucker bestreut gegessen. Sie wurden vermutlich von Mönchen in einem Kloster in Belèm (heute ein Stadtteil von Lissabon) erfunden, nach der Säkularisierung haben die Mönche das Rezept verkauft

ROHKAKAOBOHNEN
Samen des Kakaobaumes, essbar: frisch, getrocknet, fermentiert, hoher Fettanteil, wertvolle Inhaltsstoffe wie Dopamin, Magnesium, Serotonin, Tryptophan und Antioxidantien. Studien deuten auf eine stimmungsaufhellende Wirkung hin

SAHNESIPHON
Gerät, das Flüssigkeiten oder cremeartige Massen mit Stickstoff versetzt und aufschäumt. Wird in der modernen Küche (auch Molekularküche) zur Herstellung von Schäumen, sogenannten Espumas, verwendet

SEETANG – NORI UND KOMBU
Kombu, essbarer Seetang, in Nordostasien verbreitet, hoher Jodgehalt, dunkelgrün.

Nori, getrocknete und geröstete Meeresalgen, dunkelgrün, quadratisch und papierartig, werden unter anderem für Sushi genutzt

SENFBLÄTTER
Gemüse, auch Brauner Senf oder Indischer Senf genannt, die Blätter können roh oder gegart gegessen werden

SERRANO-SCHINKEN
Spanischer Schinken, luftgetrocknet, mageres Fleisch, mild-aromatisch. Für den Schinken wird das Fleisch hellhäutiger Hausschweine verwendet, Name stammt von sierra (Gebirge), weil der Schinken ursprünglich an der frischen Bergluft trocknete

SHAOXING-REISWEIN
Chinesischer Reiswein, auch Shaoxing jiu, goldgelb bis nussbraun, 13 bis 19 Vol.-%, durch Verzuckerung und Fermentation hergestellt, erinnert im Geschmack an Sherry, stammt aus der Stadt Shaoxing südwestlich von Shanghai

SMOOTHIE
Mixgetränk aus Obst und/oder Milchprodukten, Bezeichnung stammt vom englischen „smooth" (fein, gleichmäßig, cremig), weil die Bestandteile zu einer cremigen Masse gemixt werden. Bis auf Schale und Kerne wird die ganze Frucht verwendet, was Smoothies von Fruchtsäften unterscheidet

SOJASOSSE
Asiatische Würzsoße aus Sojabohnen, Wasser, Salz und teils Getreide, wird in der asiatischen Küche zum Würzen und Verfeinern von Speisen verwendet

TTEOK – REISKUCHEN
Koreanische Reiskuchen aus Klebreismehl, gedämpft, werden in Korea häufig an Festtagen serviert

WASSERSPINAT
Gemüse, Blätter werden in der asiatischen Küche genutzt. In China zählt Wasserspinat zum verbreitetsten Sommergemüse, in Afrika hingegen gilt er als Nahrungsmittel für Notzeiten

EINKAUFEN

Exotische Zutaten gibt es nicht in jedem Supermarkt um die Ecke – und nicht jeder lebt in der Nähe eines Asiamarkts oder eines Afrikashops. Da hilft nur eins: surfen! Bis auf frische Zutaten finden Sie alles online. Einfach „Asiamarkt" oder „afrikanische Lebensmittel" in die Suchmaske eingeben. Auch auf Plattformen wie Ebay oder Amazon werden immer mehr Lebensmittel aus aller Welt angeboten. Und es wird Ihnen auch noch alles nach Hause geliefert …

DIE FRÜHSTÜCKSLEKTÜRE

Zeitung beiseite, Bücher auf und Blogs gelesen

◆

AUF PAPIER

Frühstücksglück:
45 leckere Gründe morgens
aufzustehen
Der Titel des Buches sagt alles,
oder? Charmante Rezeptsammlung
der Bloggerin Virginia Horstmann
(Zimt, Zucker & Liebe). Erschie-
nen im Hölker Verlag.

Morgens & Abends
Stehen bei Ihnen beim Frühstück
und zum Abendbrot ganz ähnliche
Dinge auf dem Tisch? Dieses Wen-
debuch hilft beim Mahlzeitenchaos
und hat für beide Tageszeiten die
richtigen Rezepte. Von Karen
Schulz und Maren Jahnke, Neuer
Umschau Verlag.

Breakfast: A History
Wer etwas Trockenes zum Frühstück mag: Heather Arndt Ander-
son fasst in ihrem englischspra-
chigen Buch die Geschichte der
Frühstückskultur weltweit, aber
vor allem in den USA zusammen.
Wissenswert. AltaMira Press.

IM WEB

What Should I Eat
For Breakfast Today?
Für die Berlinerin Marta Greber ist
das Frühstück die wichtigste Mahlzeit des Tages. Den wunderschönen
Fotos auf ihrem Blog sieht man
das an. Mit Tipps für Berlin und
Rezepten für daheim.
→ whatshouldieatforbreakfasttoday.com

The London Review
of Breakfasts
Die Blogger nennen sich Malcom
Eggs oder Joyce Carol Oats oder
John LeCafe und sezieren mit
typisch bissigem englischen
Humor die Londoner Frühstücks-
lokalszene.
→ londonreviewofbreakfasts.blogspot.de

Die Frühstückerinnen
Barbara Haider und Dani Terbu
zeichnen mit ihrem Blog eine Karte
der österreichischen Frühstücks-
landschaft.
→ diefruehstueckerinnen.at

155

So frühstückt die Welt ...

BEI FACEBOOK

Das beste Frühstück? Findet man überall auf der Welt!
Facebook-Freunde haben uns verraten, wo sie eines gefunden haben

---

CHRISTEL ORTH

◆

„Das beste Frühstück, das ich je hatte? Ganz klar: ein Bush-Breakfast in
Uganda – in der Mihingo Lodge! Gibt es etwas Schöneres als ein Frühstück unter freiem Himmel – im Busch – umgeben von Zebras, Warzen-
schweinen, Impalas, Topis ... Kräftiges Rührei, gebrutzelt auf offenem
Feuer, frisch gepresster Passionsfruchtsaft, Banana-Muffins, eine süße
Ananas und farbenfrohe Mangos, dampfend heißer Kaffee aus Uganda.
Der Tisch ist gedeckt mit weißem Porzellan, poliertem Besteck und Stoff-
servietten umhüllt mit einem Serviettenring, handgefertigt aus dem Horn
der Ankole-Kuh. Nun nur noch genießen – und ein bisschen wachsam
sein: Die Bananen können wie durch Zauberhand verschwinden, die kleinen Vervet Monkeys sind blitzschnelle Tellerdiebe."

156

→ Mihingo Lodge, PO Box 28142, Kampala, Uganda, mihingolodge.com

TILL UHRIG

◆

„*Kopenhagen ist, so sagt ein Freund, das ‚Berlin-Mitte der Welt‘. Nørrebro wiederum ist das Szeneviertel der Stadt. Hier kam ich mir selbst als Groß-stadtbewohner etwas bieder vor, jeder hatte eine Geschichte über sein Outfit, sein Fahrrad oder sein Kunstprojekt zu erzählen. Kulinarisch gilt Nørrebro als ganz weit vorn. In der Jægersborggade entsteht ein hippes Restaurant nach dem anderen. Das Café Taxa liegt direkt am Eingang dieser Straße. Man sitzt entspannt draußen und beobachtet das bunte Publikum beim Katerfrühstück. Der Hit ist die selbst gemachte Minzlimo-nade. Ein Schluck – und auch der größte Morgenmuffel wird ein Stehauf-männchen.*"

→ Café Taxa, Hørsholmsgade 32, 2200 København, Dänemark, cafetaxa.dk

EBBA JOSEFSON

◆

„*Ein riesiger Kronleuchter an der hohen Decke, durch die riesigen Fenster sieht man den Hafen und die charmant-antiquierte Einrichtung – all das versprüht den Charme des alten Göteborg. Und genau hier im Café Brogyllen hatte ich das beste Frühstück: verschiedene Sorten frisch geba-ckenes Brot und Croissants, Vanillejoghurt mit frischen Beeren und etwas Granola, Orangensaft, Tee, Kaffee. Unglaublich gut!*"

→ Café Brogyllen Centrum, Västra Hamngatan 2, 411 17 Göteborg, Schweden, brogyllen.se

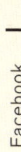

Facebook

DAS FRÜHSTÜCKERVERZEICHNIS

Mehr über die Protagonisten und Lokale im Buch

◆

WELT

WHO IS WHO

Wer hinter diesem Buch steckt

◆

MELANIE JONAS
Idee und Projektmanagement
Alter in Frühstücken*: 13 702
managt an Werktagen Medienprojekte aller Art, am Wochenende fährt sie
mit dem Fahrrad zum Markt oder mit dem Auto ans Meer

MARGITTA SCHULZE LOHOFF
Text und Konzept
Alter in Frühstücken*: 11 750
arbeitet als freie Journalistin und Redakteurin, reitet, mag Wolken gucken
und denkt sich beim Kochen neue Buchideen aus

DIANA MÜLLER
Gestaltung
Alter in Frühstücken*: 10 805
macht als freie Grafikdesignerin die Welt ein Stück schöner, erholt sich davon
beim Yoga, um danach beim Brotbacken ihren Ofen an die Grenzen seiner
Leistungsfähigkeit zu bringen

HOLGER TALINSKI
Fotografie
Alter in Frühstücken*: 12 169
nimmt in jeder arbeitenden Minute die Kamera in die Hand, stellt sich
häufig auf sein Skateboard oder legt einfach mal die Beine hoch

AUSSERDEM
Mit freundlicher Unterstützung von
Beate Scheder *(bs)* und Christian von der Heide

160
—

→ * bei durchschnittlich einem Frühstück pro Tag bis zum Stichtag 31.12.2014